バタ足ノンデュアリティ❸

くり返し触れたい《バタ足》メッセージ373選

金森 将

ナチュラルスピリット

目次

はじめに

大事なのは「しみ込み」

ノンデュアリティに関心をもち、何かしらの学びをしている人は、ふだんからいろいろなメッセージに触れていることでしょう。けれども、多くの人は、そのほとんどの内容を**「知っている」だけ**になっているのではないでしょうか？

残念ながら、どれだけたくさん「知って」いても、ノンデュアリティのお勉強にはあまり役には立ちません。

たとえば、本やブログなどからメッセージを受け取り、「ふむふむ、なるほど」と思っても、また同じようなメッセージに触れたとき、人の「頭」というものは、「それはもう読んだ」「それは知っている」と判断します。そのメッセージから得るものはないと無意識に思ってしまいます。

そして、別の新しいメッセージを探す旅に出るわけです。〝ヨコに〟広がっていくんですね。

けれども、それでは何も変わりません。その時点では、じつはまだお勉強は何もはじまっていないのと同じです。「知った」というそこからが本当のスタートなんです。

このお勉強に必要なのは、**〝ヨコに〟はでなくて、〝タテに〟です。**「深まる」ということが必要です。

言い方を変えると、**大事なのは、「知っている」ことではなく、それが、あなたのなかに「しみ込んでいる」かどうかです。**

「知っている」というのは、「思考」のなかのことです。「理解」も同じです。やはり「思考」のなかのことです。「理解」ということも含めて、「思考」には、気づきをもたらすような力はありません。

そのくせ、別々に受け取ったメッセージをいっしょに並べて、矛盾に困惑したり、混乱したり、反発したり、拒否したりして、頭のなかであれこれ面倒を起こします。メッセージが頭のなかにあるうちは、互いに、いらぬ干渉をし合います。

シュークリームとマグロのお刺身が口のなかでいっしょになれば、ぶつかり合ってケンカをします。けれども、別々に口に入って、どちらかが先に胃袋に収まっていれば、ケンカをするどころか、両方ともおいしく食べることができて、体に入ったあとは、それぞれがそれぞれの役目を果たして、ちゃんと栄養になってくれます。

このお勉強も同じです。

「しみ込んだ」さまざまなメッセージは、表層に出てきて、矛盾だなんだと騒ぎ立てるようなことはしません。

あなたのなかで熟成し、栄養となって、あなたの知らないところで、〝気づきの芽〟をじんわり、じんわり育てていくんです。

「しみ込んだ」メッセージの本質部分が、それを自動でやってくれます。

そして、あるとき、たとえば、キッチンでお皿を落として割ってしまった瞬間とか、雨の日に傘を広げた瞬間とか、風がふうっと肌をなでていった瞬間といった、ふだんの何でもないほんのささいな「五感の刺激」が引き金になって、「はっ」とするということが現れるわけです。

「読む」というより

この「しみ込み」に欠かせないのが、メッセージに**「くり返し触れる」**ということです。

この「くり返し」がしやすいように、これまでブログやユーチューブのほか、ネット上のさまざまなシーンで、バラバラに発信してきた『バタ足』のメッセージの重要な部分を抜き出して編集し、一冊にまとめたのが本書です。

中身は、発信したほぼそのままのものから、加筆・修正したもの、一部を抜粋したもの、エッセンスだけを抽出した短いメッセージまでさまざまです。もちろん、新しく書きおろしたメッセージもたっぷり盛り込んであります。

そのなかで、とくに**『バタ足』の肝《きも》となるような内容のお話は、かたちを変えて何**

度も出てきます。しつこいほど出てくるものもあります。

これには理由があります。

ひとつは、伝えたいことは同じでも、表現の違いや、切り口の違い、取りあげるたとえの違いなどによって、響き方や届き方が変わってくるということです。

もうひとつは、同じ主旨のメッセージに自然に「くり返し」触れることになり、それによって、「しみ込み」がより起こりやすくなるという理由です。

こんな面もあります。若いころ、親に何度も何度も同じ小言を言われ、「うるさいなー、わかってるよ!!」などと口にしたことが誰にでもあるでしょう。その当時はうるさく思っていたことが、今になってみると、ありがたいことだったとか、あなたに必要なことだったということがあるものですよね。このお勉強にもそれが当てはまります。

このような主旨から、掲載したメッセージは、あえてテーマごとに整理をせず、ごちゃ混ぜに並べてあります。

気が向いたときに、ソファやベッドに寝転がって、**「読む」というよりも、パラパ**

ラとページをめくってみてください。

そのとき目に止まったメッセージと戯《たわむ》れてください。楽しんでください。眠くなったら眠ってしまえばいいんです。

気合いを入れて、「頭にたたき込む」というようなことではありませんので、くれぐれもまちがえないでくださいね。

「しみ込み」が起こるのは、あなたがリラックスしているときです。

まじめに考えがちの人は、とくに注意してくださいね。ノンデュアリティというのは、考えれば考えるほどわからなくなっていくものですから。

「気づきの芽」を育てる

それと、もうひとつ申し上げておきたいことは、**〝気づきの芽〟は、雑草のように**

強くはないということです。せっかく芽を出しても、「しみ込んだ」だけでは、弱って枯れてしまうことがあります。ちゃんと育っていくには、もうひとつ別の力が必要となってきます。

それは、さまざまな「実践」のなかから生まれてくるリアルな「実感」です。その「実感」が〝気づきの芽〟に、「雨ニモ風ニモ極寒ニモ猛暑ニモマケナイ」力強さを与えてくれるんです。大きな実感でなくていいんです。ほんの小さな実感でいいんです。

今、目の前にある「事実」に触れ、今の自分のようすを、自分自身で、実際に、身をもってたしかめるという「実践」があってはじめて、〝気づきの芽〟は、健康に育っていくということを忘れないでください。

「実践」と言いましても、『バタ足』の実践は、「お遊び」のようなものです。眉間にしわを寄せて、「心と呼ばれるもの」のなかを探るような取り組みではありません。手をあげてみてください、空を見てください、水に触ってみてください、そんなことからはじまっていくものです。

この「お遊び」のやり方につきましては、前著『ノンデュアリティって、「心」のお話じゃないんですよ！』（ナチュラルスピリット／覚醒ブックス）を参考にしてください。

そして、「くり返しとしみ込み」には、本書と合わせて、ユーチューブの『聴くおさらい帳』をいっしょにご活用いただければ、あなたの〝気づきの芽〟はより強く、たくましく育っていくことでしょう。

くり返し触れたい《バタ足》メッセージ

1

『バタ足ノンデュアリティ』でお伝えしているメッセージや、さまざまな実践は、すべてが「根源に戻る」ためのものです。

わかりやすい別の言い方をすれば、要するに、「休んでください」ということなんです。

これを聞いて、「ん?」と思う人も多いでしょう。「事実に触れてください、感じてください、こんな取り組みをしてください、くり返しメッセージに触れてくださいと言っておきながら、休めってどういうこと?」と。

最初のうちは、練習のようなことに負担を感じるかもしれません。面倒くさくなることもあるかもしれません。でも、つづけていくとわかります。

実践も含めて、『バタ足』のお勉強をしていること自体が、「思考」から離れることにつながっていて、これ自体が「休んでいる」ことだとわかってきます。休むということの本当の意味、ゆだねる、まかせるということの本当の意味がわかってくるんです。

2

あなたの行動は、あなたが気づくより前に起きています。あなたなしで行動が先に起きています。

あなたの「体」は、いつも「根源」と一体になって活動しています。その活動は、人の考えが入り込む隙などどこにもない完璧なものです。

「完璧」というのは、それ以上、手を加える余地などなく、何かが欠けているということがないということです。私たちの活動は、それ以外にありえない、まさに「完璧な活動」です。

3

もしもあなたが日本から遠く離れた国の生まれで、一度も奈良漬けを食べたことがなかったら、それついてどんなにくわしく説明されても、それはただの「知識」にとどまります。「奈良漬けとはそういうものらしい」と頭で〝知る〟だけです。

でも、実際に日本に来て、実際に食べたら、一瞬ですべてがわかります。これが「実感」です。疑いようのない「実感」です。

一度、実感を得たら、奈良漬けというものの存在を信じようとしたり、あれこれ考えたりする必要などないわけです。

実感を得たあとに、奈良漬けについて誰かに話をされたら、「わかる、わかる、そうそう！」となるわけです。

このお勉強も同じです。「知識」を得るのは、「実感」したときに、自分で〝答え合わせ〟ができるようにしておくためのものです。実感がないままにいじくりまわすものではありません。

学問なら、それも必要なことかもしれません。けれども、このお勉強では、頭で知っているだけでは役に立たないんです。

4

少し離れたところに停車している車を見てください。できれば、実際にやってみてください。今、車が遠くにありますね？

では、さわれる程度のところまで近づいてみてください。さて、このとき、あなたは、「自分が車に近づいた」と考えますね？　実際、そうなんですから、まちがっているわけではありません。

でも、それは「頭」がそう「考えた」ことです。五感としての「事実」は、そうではありません。近づいたとき、あなたのなかの「映像が変わった」んです。あなたのなかに映った車が「大きく」なったんです。これが「事実」です。

5

どう考えたらいいのか、どうとらえたらいいのか、どう解釈すればいいのかというところに答えを求めないことです。

そこに答えはありません。そこから離れることがこのお勉強です。

6

当たり前すぎるお話をします。仕事をしているときのあなた、遊んでいるときのあなた、お友だちとおしゃべりをしているときのあなた、お腹いっぱいのあなた、怒っているときのあなた、大喜びしているときのあなた、学んでいるときのあなた、悩んでいるときのあなた、寝ているときのあなた、ぜーんぶひとりのあなたです。ほかの誰でもありません。当たり前ですよね。

そして、そのときそのときに現れるあなたのようすは、そのつど現れ、そのつど消えます。現れては消え、現れては消えます。これが延々とつづいています。

生まれてからずっとつづいてきました。その瞬間その瞬間に変化するあなたがずっと途切れることなくありました。現れては消え、現れては消える、けっして同じようすのないあなたが現れていました。

このいろいろなあなたに、あなた自身が振りまわされてしまっているのが、多くのみなさんの実態です。

ですが、「事実」は、現れては消える、変化していくあなたではない、どーんと動かないあなたがずーっとそこにいて、そのあなたのなかに、瞬間瞬間に変化していくあなたが現れているだけです。ややこしいですね。でも、これが「事実」です。

この動かざる視点に戻りさえすれば、すべてが「静寂のなかにある」ことが実感されるんです。

7

目の前にないものを存在していると「思う」ことや、頻繁に「思い浮かべる」ことは、そのものとのつながりを強くします。太いパイプをもつことになります。

それは、そのものに「縛られる」ことを意味しています。それによって、あなたの「自由」が奪われています。

つまり、つながっているものが多いほど、あなたは「不自由」になっていくわけです。つながり（＝思考をつかまえること）は、「縛り」です。重くなるんです。

人、モノ、お金、情報、欲望、執着、怒り、悲しみ、憎しみ、恨み、嫉妬といったものだけではなく、喜びや愛だって、それを手放したくないと、それにとらわれてしまえば、やはり「縛り」になります。

あなたは、どれだけたくさんのものとつながっていますか？　どれだけ〝自分から〟わざわざつながりに行っていますか？

8

悩んで、迷って、苦しんで、答えが出ず、どうしたらいいかわからないということがありますね。

でも、「どうしよう」「困った」という思いがわいたまま、「事実」は、ちゃんと自動ですすんでいきます。

「いろいろ問題があって前にすすめない」と言いながら、そんな考えに踊らされたまま、「どうしよう、どうしよう」という思いがわいたまま、ちゃんと起きるべきことが起きていきます。

どのような「思考」が現われようと、ただそれが現れているだけです。「事実」は、そんなことはお構いなしに、あるべきようにすすんでいきます。

勘違いしないでいただきたいのは、「思考」にかまうことなく、ただ「事実」に向き合うというのは、無感動になるようなことではありません。鈍感になって、ぼんやりしているのではありません。逆です。すべてがはっきりしています。澄んでいます。風が今まで以上に気持ちよくて、ごはんが今まで以上においしくて、なんでもないことに笑えてきたりするんです。

そんななかで、それまで問題だと思っていたことが、するりと抜けていきます。それが、「事実」となかよくなるということなんです。

9

「考え」はどこまでも迷いつづけます。一方、「事実＝五感」には、いっさいの迷いがありません。

実際に歩いてみてください。足の裏が地面につく感覚に迷いがあるでしょうか？　前にすすんでいるのか、うしろにさがっているのかよくわからない、などという感覚があるでしょうか？

感覚のなかに、迷いというものはどこにもないことを、実際に自分の感覚でたしかめてください。すべてが迷いなく現れているはずです。

私たちは、生まれたときからずーっと、人の考えの入る余地のない、迷いのない世界のなかで生きているんです。

10

「今のようすがあるだけ」と言うときの「今のようす」というのは、現れた「対象」を言っているのではありません。

見るべきは、「見えている、聞こえている、感じている」という自分の活動のようすであり、思考であれば、わきあがっている「思考の中身」ではなくて、「わきあがっている」という活動のようすのことです。

最初はどうしても「対象」に目がいきます。それでもかまいません。

ただ、それは違うんだということを知っておいて、少しずつ自分の活動の方に目が向くようにしていってください。

11

すべてが自動で運ばれているということが見えてきたとき、私たちは、そのようすとぴったり一致して活動していることがわかります。

私たちは、この自動の活動から外れることはありません。あなたが生きてきて、これまでにこの自動の活動から外れたことはありませんし、これから先も外れることはありません。

この自動の活動は、「根源」の活動そのものです。そして、私たちは、「根源」の分身であり、もっと言うと、「根源」そのものとして〝在る〟んです。

ぴったり一致している私たちが、「根源」の活動と別の活動をすることなどできません。

この活動を「個」の視点から説明すると、〝完全な受け身〟という表現になります。

けれども、それを本当に実感できたとき、「個」は消え、自分が「個」として存在しているのではないという絶対的な安心がそこにあることを知るんです。

12

私たちは、「判断」という「思考」によって、ただ現れたものをゆがめて取り扱ってしまっています。

雨を純粋な雨としてとらえられないんです。雨は嫌だとか、濡れると困るとか、あれこれ余計なものをくっつけて取り扱ってしまいます。

そんな「判断に包まれたにせものの雨」ではなくて、本来の私たちがいつも触れている「あるがままの雨」を知りましょうよ、というのがこのお勉強です。

完璧ではない雨はどこにもありません。何かが欠けている雨はどこにもありません。

「体」は、この完璧な姿で現れた雨を、うまく見ることができないとか、うまく感じることができないということはありません。いつも完璧に受け取っています。それを一度、きちんと知るということです。

13

五感に注意を向けるというのは、修練のようなものではありません。そのように現れている今のようすに、ただ〝そのままにいるだけ〟のことです。

14

あなたが思う「幸せの条件」には、どのようなものがありますか？
健康であることでしょうか？　好きな人といっしょにいられることでしょうか？　嫌いな人といっしょにいなくて済むことでしょうか？　家族がいっしょにいられることでしょうか？　自由な時間がたくさんあることでしょうか？　経済的に余裕があることでしょうか？　やりがいのある仕事をしていることでしょうか？　夢がかなうこ

とでしょうか？　平穏無事であることでしょうか？　あげたらきりがないほどたくさんあるでしょう。

　けれども、今あげたような「幸せの条件」は、相対的なものであり、比較の上に成り立っているものであるために、とても不安定です。

　たとえ、あなたがこれらをもっていたとしても、もっと多くもっている人が身近にいたりすると、自分のもっているものがみすぼらしく見えたり、もっとたくさんもちたくなって、また苦しくなります。今、もっているもので満足できれば、問題は起きませんが、人というものは、そうはいきません。ひとつ得ると、もっと欲しくなるようになっています。今いる場所に満足できないわけです。

　この「どこまでいっても満足が得られない」ということに気づいた人のために、本当の満足というものがどこにあるのか、本当の幸福というものがどこにあるのか、ということをお伝えしているのがこのお話なんです。

15

「思考」はいつも深刻な顔をして、私たちに語りかけてきます。「こいつは大問題だぞ」と騒ぎ立てます。「大変なことになるぞ」と脅してきます。

気をつけてくださいね。騙されてはいけません。嘘ですよ。

そんな嘘につき合っていないで、いつも本当のことを伝えてくれている「五感」に戻ってください。

このお話をすると、「問題から目をそらしているだけではないか？　現実逃避なのではないか？」という声を聞くことがありますけれども、逆ですよ。

まるで映画の世界のような刺激的な「思考」の世界に巻き込まれていることが、「事実」から目をそらしていることなんです。「五感」に戻ってください。「事実」はそこにしかありません。

16

今、現れるべきものが、今、現れます。きょう、現れるべきものが、きょう、現れます。来年、現れるべきものは、来年、現れます。きのう、現れるべきだったものは、きのう、現れました。三年前に現れるべきだったものは、三年前にちゃんと現れました。すべては、そのときに現れるべきものが、それしかないかたちで現れています。それらを同じ場所にもってきて並べて比較したり、あれこれ考えたりすることに意味はありません。

すべてが、そのときの完璧な現れです。そのときに現れる必要があるから現れます。私たちは、その完璧な現れのなかにつねに〝ただある〟んです。

17

あなたの感覚が、何もとらえていないとき、たとえば、あなたが熟睡しているとき、あなたの世界は消滅しています。何も残っていません。

あなたがご家族を思い浮かべていないとき、ご家族は世界に存在していません。お友だちも、好きな人も、嫌なあの人も、モノも、何もかもが存在していません。

あなたが思い浮かべていないものは、この世界に存在できません。

見える、聞こえる、におう、味がする、感じる、思える、この「五感」と「思考」が働き出したと同時に、あなたの世界が現れます。

ですから、あなたの世界は何か固定されたものではありません。その瞬間に見えたもの〝だけ〟があなたの世界のすべてです。その瞬間に聞こえたものだけがあなたの世界のすべてです。その瞬間に思えたもの〝だけ〟があなたの世界のすべてです。

一瞬一瞬で切り替わりながら、つぎつぎと現れてくるもの、それがあなたの世界です。それは、つねに移ろい変わっていきます。見える、聞こえる、におう、味がする、感じる、思える、すべてが移ろい変わります。一瞬たりともとどまっていません。それが延々とつづいているんです。

18

自分に対しても他人に対しても、「こうなってほしい」「ああなってほしい」がなくなれば、人はもっと自由でいられるんですよ。

19

いろいろなことがうまくいかなくて、「苦しい、つらい」となっているのは、自分のなかに、「問題が消えない」「何で私に」「苦しい、つらい」という「思考」が現れていて、それをどうにもできなくなっているということです。

つまり、自分のなかに現れた「思考」を、自分で始末がつけられなくなっているということなんですね。現れたそのものではなくて、それを感じ取った〝自分と折り合いがついていない〟わけです。

では、どうしたらいいのでしょうか？　答えはシンプルです。

わきあがっている「苦しみ」の方を見るのではありません。そこにフォーカスしてしまうと、どうしたって、「苦しい」に振りまわされます。そうではなくて、わきあがっている「ようす」に目を向けてください。「なんだかよくわからんが、苦しみ〝らしきもの〟がわきあがっているなあ」と。

こんなイメージをしてみてください。

大音量の音楽が鳴り響くきらびやかなクラブで、大勢の人が踊っている映画のシーンを観ていると思ってください。現れている「ようす」に目を向けるというのは、音声を切って映像だけを眺めているような感覚です。音はなく、ただそのようすだけがあなたの前に現れています。あなたは静かなままです。

このとき、じつは、あなたはおおもとの「何も起きていない場所」からそれを見ているんです。わきあがっていることは見えているけれども、しーんとしているんです。

20

後悔の念がなくならない、消せないという声をよくお聞きしますが、私がお話ししているのは、消そうとすることではありません。それは「思考」を使ってどうにかしようとしていることです。

そうではありません。「事実」をきちんと見ていくと、すべてが自動で起きていて、そこに自分が何かをしたというようすはどこにもないんです。

すべては「根源」の活動であって、そこには「個人」の上に現れる「後悔」というものは成り立たないということに気づいてほしいんです。

21

「事実」が見えてきたはずなのに、「自分がいっさい介在していない」ということに無力感や虚無感のようなものをもってしまうのは、まだちゃんと「事実」が見えていないということです。

「思考」のなかから「事実」を眺めているだけです。「思考」の靄《もや》をとおして、「事実」を見ているんです。「事実」がちゃんと見えていて、無力感や虚無感が現れることはありません。

22

幸せというものを、誰もが小さい頃から、何かを得ることや、願いがかなったり、何かを達成したりすることで得られると思って育ってきています。

このお勉強をはじめて、それは違うということが、あなたは「頭」ではわかってきているはずです。でも、なかなか腹に落ちない。心から「ほんとにそうだよね」とは思えないわけです。

何も欠けていない、これしかない世界にいながら、いつも別の世界を探し求めています。ここではない別の場所に行こうとしています。「今」が苦しいから。もっとほかに何かあるに違いないと思っているから。

けれども、あなたが「今」だと思っている「今」は、「状況」です。それは「思考の産物」です。この瞬間の「事実」が教えてくれる「今」ではありません。

「今」というのは、人の考えが差しはさまる余地などどこにもない、それしかありえない「事実」です。「事実」はひとつしかありません。別の「今」はありません。別の世界はありません。どうやったって、私たちは迷いようがないんです。

23

考えが起こる前に行動は起きているという話を聞いたときに、「それは無意識の領域のことを言っているのか？」とか「潜在意識のことなのか？」というように、自分の知っている言葉やカテゴリーにはめ込もうとする。これが「知識のお遊び」です。無意識というものの定義がたくさんあって、潜在意識なるものの定義もまたいろいろあるのでしょう。「言葉のお遊び」です。このお勉強では意味のないことです。

仕入れた言葉を別の言葉に置きかえるのではなくて、それを自分の「体」でたしかめていくことがこのお勉強なんです。

24

「五感」を見ていくと、それを感じている「誰か」はいません。そこには、ただ「感覚」だけがあります。その奥にある静けさを感じてほしいんです。

それを感じたとき、あなたは、〝何も起きていない土台〟のようなものがあることを知るでしょう。

25

何年も同じ道を歩いていても、まったく同じ場所を踏むなどということはありません。一歩一歩、はじめて踏む場所です。いつもはじめての体験です。

何年も同じ場所から夜空を見あげても、星が同じ場所にあったことなどありません。

月が同じかたちで同じ場所にあったことなどありません。いつもはじめて見る星と月です。

仕事でも日々の家事でも、なんでもそうです。ぜんぶ、そのときがはじめてのことなんです。でも、あなたは毎日おんなじことのくり返しだと思っていますよね。「頭」はそう思うんです。「同じだ」と決めつけているんです。

でも、よおーく見てください。「体」はそんなふうには活動していませんよ。見慣れた家族の顔だって、同じ顔など一度もありません。毎回違うんです。触れるものはすべて、いつもピカピカの「新品」なんですよ。

26

生まれたばかりの赤ちゃんは、意味などわからないまま言葉をシャワーのように浴びます。それが勝手にしみ込んでいきます。

そして、あるとき、わからないままに言葉を発します。自分でやってみることで言葉が自分のものになっていくんです。このお勉強もまったく同じです。

27

本当に多くのみなさんが、「思考の中身」に振りまわされ、そこから抜けられなくて苦しんでいます。

忘れないでいただきたいのは、「思考の中身」は、「事実」ではないということです。どんなに深刻に感じても、どんなに大事なことに感じても、「事実」ではありません。言ってみれば、夢のなかのことです。多くのみなさんは、夢のなかのできごとに対して、夢のなかで不安になり、夢のなかで恐れ、夢のなかで悲しみ、夢のなかで「何とかしたい」とあせっています。

けれども、みなさんは、これが夢だとは思えずに苦しんでいます。夢のなかでその苦しみがなくなったとしても、それもまた夢のなかのことです。

この話を聞いて、「そんなこと言ったって」という思考が浮かぶのも夢のなかのことです。「でも、勝手にわきあがっちゃうんです」という思考が浮かぶのもまた夢のなかのことです。夢が果てしなくつづいているんです。

28

「思考」がふっと消えた瞬間、あなたの活動はどんなふうになっているでしょうか？あなたに何が起きるでしょうか？

思考がないということは、記憶もないということです。過去の記憶がいっさいないということです。アイデンティティなどというものもありません。何かを判断するという基準さえありません。どんなものが見えるのでしょうか？

そして、あなたはいったい何者なのでしょうか？

29

このお勉強では、言葉上の矛盾がなくなることは絶対にありません。ひとつ解消したとしても、また出てきますよ。

そんな些末なことにとらわれないで、「事実」に触れてください。「事実」は、言葉上の矛盾などには、いっさいおかまいなくどーんと現れます。

人の「考え」を軽ーく飛び越えて現れます。それがおもしろいんです。おつき合いするのは、そっちです。

30

誰もが自分の外側に「世界」があると思っていて、その「世界」のなかで、いつもあたふたしています。

「事実」は、まったく反対で、あなたが「世界」を丸ごと包み込んでいます。空間のようなあなたがずっとそこにいて、そのなかに騒々しい「現実だと思い込んでいる世界」が現れているんです。

そこに気づくことができれば、あなたは、すべてが「静寂」であることを思い出すでしょう。

31

湯舟につかってお湯を感じてみてください。お湯というものが何ひとつ欠けることなくそこに存在しています。完璧なかたちで存在しています。半分はお湯で、残り半分は得体の知れないものなどということにはなっていないはずです。何かが足りなくてお湯になっていないなどということもないはずです。一〇〇パーセントのお湯が現れているはずです。

お湯だけではありません。おふろ場ぜんぶが完璧に現れているはずです。石鹸が八割だけ現れているなどということはないはずです。見事にちゃんと現れているはずです。あなたのなかにちゃんと現れているはずです。これを「完璧」といいます。

これほどはっきりした「完璧さ」に満足できないのは、ほかに何かあるに違いない、もっと素晴らしい何かがあるに違いないと思っているからです。

今、現れているもののほかに何もありません。そして、この瞬間に現れているものは、何ひとつ欠けていない完璧なものです。

32

怒りがわいたとき、目の前の人が、宇宙人にでも見えたでしょうか？　セミの鳴き声が、風鈴の音に聞こえたでしょうか？　座っている感覚が、寝ている感覚になってしまったでしょうか？　そんなことはありませんよね。「五感」は通常どおり、見えたまま、聞こえたままに活動しているはずです。そのことをちゃんと確認してください。

「五感」に注意を向けてください。何でもかまいません。一番近くにある感覚に目を向けてください。これが「事実と向き合う」ことです。これが「事実に戻る」ことです。

33

思考から離れたいのに離れられない、いろいろやっても、うまくいかないということが誰にでもあります。

それでも、「事実」に触れるお勉強をやめてしまわずに、つづけてさえいれば、あるとき、思考から離れるとか離れないということよりも、「なんだ、それもぜんぶ思考じゃないか」と気づく瞬間に出会うんです。笑うしかありません。

34

道を歩いていて、サッカーボールが転がってきたら、私たちは、「自分」などというものなしに、ちゃんと反応するようになっています。反応は人それぞれです。そのときに起きるべきことが、すべて自動で起きるんです。

35

多くの方が「現実」だと思い込んでいる現れは、舞台のお芝居のようなものです。「事実」に触れる、「事実」となかよくなるというのは、「舞台裏」に出入りするということです。

「舞台裏」を見たとき、それまであなたが「現実」だと思っていたことが「お芝居」だったと知ります。「事実」ではなかったのだと知るんです。

当然、その見え方はまったく違ってきます。向き合い方や楽しみ方だって、まったく違ってくるんです。

36

自分以外の誰かの世界があるのか？

いいえ、ありません。「誰か」があなたのなかに現れるだけで、「誰かの世界」はありません。あなたの世界以外に世界は存在しません。

37

「事実」は、私たちの「都合」とはいっさい関係なく起こります。なのに、私たちは、自分の都合など関係なく現れる「事実」の上に、「自分の都合」をのせて見ようとします。それでは苦しくなるのは当たり前です。どうやったってのっかりませんから。

38

「満ち足りていない」と感じるとき、「満ち足りていない」という「思考」がわいているだけです。「思考」に惑わされているんです。

「事実」をちゃんと見てください。「事実」では、そんなことは起きていませんよ。「事実」は、いつも何ひとつ欠けることなく現れています。「満ち足りっぱなし」なんです。

39

すべてが自動だということを、あなたは、どのくらい実感できていますか？

私たちが手をつける隙などどこにもないということを、あなたは、どのくらい実感できていますか？

ただ起きるべきことが起きているということを、あなたは、どのくらい実感できていますか？

40

「事実」のなかに、金森という「個人」はありません。私が多くのみなさんに向かってメッセージを発信するとき、金森という個人がいて、みなさん一人一人に向かって、それがおこなわれるのではありません。

「根源」の活動として現れた言葉が、何もない静かな空間に、ただ現れているだけです。たまたま私の体をとおって出てきているだけで、それを受け取るみなさん個人個人という存在もありません。すべてがただひとつの活動体です。

このようなお勉強で、私にかぎらず、さまざまな人から発信されたメッセージも、誰か特定の人から発信されたように見えても、そのように見えるだけで、じつは、ひとつの存在である「根源」から発せられたものが、誰かの体をとおってあなたの前に、それしかないタイミングで、それしかないかたちで、ただ現れただけです。

発信者は、それぞれに与えられた、それぞれの役目にしたがって、それぞれのメッセージを送り出しているだけです。そこに発信者の意思も意図もありません。

すべてが「根源」の活動そのものです。そして、そのときに現れるべきものが、それしかないかたちで現れています。すべてが、そのときの完璧な現れです。

そこには、いいとか悪いとか、正しいとかまちがっているといったことは現れません。迷いなくそれが現れています。

41

すべての喜びは、「根源」に触れたことによって現れます。ただそれが、ふつうは、何かをした、何かを得たという「条件付き」の喜びです。

でも、本当はその「条件」がなくても、私たちはいつも「根源」の喜びとともにあるんです。その自覚がないだけです。

一応、つけ加えておきますと、わかりやすく「ともにある」という表現をしましたが、この喜びを感じたとき、実際には、「ともにある」という感覚ではありません。そのものになります。自分と喜びをわける境界線はありません。

42

つぎつぎと現れてくる「事実」

「事実」となかよくなると、ものごとをいちいち「つかまえる」ということがなくなってきます。

「事実」はどんどん移り変わっています。私たちの本来のようすというのは、何かひとつを選んで「つかまえる」ということはしていません。その瞬間その瞬間に現れたことと一体になって、移り変わるそのままに活動しています。

問題のようなものが現れたとき、それも、そのような「思考」がわきあがっただけで、そのことをつかまえることなく、「事実」のままに活動しているのが私たちなんです。

そこに現れるべきことが、ただそのように現れていきます。そこには何の問題もありません。

ところが、私たちの「頭」はそのようにはとらえません。都合の悪いことをつかまえて記憶に残します。そして、「うまくいかない」「なんでこうなんだ」と文句を言うわけです。
「事実」は、ただそれがそのように現れただけです。よぉーく見てください。

43

見ている場所が、「理性」や「自分の価値観」や「自分の都合」では、何も見えてきません。これらは、思考の世界のことです。
ここでお話ししているのは、そこから離れたときのお話です。

44

「思考」というのは、とにかく、いろいろなものをくっつけて、つなげたがります。

何かの関係性をつくるのが大好きです。あっちとこっち、むかしと今、今と未来、あれとこれ、私とあなた、あの人とこの人。ぜんぶ「思考」がつくった関係性です。「事実」には、このような対比の関係性はありません。いつもただひとつだけが現れています。ひとつしかないものが、くっついたり、つながったりすることはありません。関係性は現れないんです。

「思考」にかまっていると振りまわされるだけです。そして、それがやっかいなのは、きりがないことです。

45

「個ありき」の思考の世界から見た場合、人は自由な選択、自由な行動が約束されているように感じます。

その視点しかないままで、「すべてが決まっている、あなたは何も選択をしていない」

というメッセージに触れると、なんだか自由を奪われたような感じがしてしまうんです。それが虚無感や反発となって現れるわけです。そこに勘違いがあります。

あなたはどんな夢でも描くことができます。それに対してどんな行動だってできます。

でも、あなたに、「自分は、絶対にチェスの世界チャンピオンになるんだ」という夢が現れたでしょうか？

「自分は、世界一のオーケストラの指揮者になってやる」という夢が現れたでしょうか？

「自分は、蚊の生態の研究者になるんだ」という夢が現れたでしょうか？　もちろん、現れてもおかしくはありません。実際、世界のどこかにはいるわけです。

それが決まっているということなんです。その人にどんな夢が現れるのかが決まっているんです。

そして、どんな思考が現れ、どんな行動が現れ、どんな人に出会い、どんなことが起きるのかがすべて決まっているんです。

けれども、このとき、「個のあなた」が、不自由さを感じることはありません。すべてが自由なはずです。制限などどこにもないはずです。

だから、私がみなさんにいつも言うのは、「何でも思ったことをやればいい」ということなんです。

これを聞いて、「いや、生活があるからできない」とか、「子どもが大きくなるまではそんなの無理」とか、「資金がないからできない」という反応が現れるのか、「ほんじゃ、いっちょやったろか！」という反応が現れるのかが決まっています。あなたが気づいたときにはもう現れています。そして、それしかないことが起きています。

すべてが完璧に決まっているのに、何でも自由に活動できます。これほど見事につくられたゲームはないでしょう。

46

人というものは、触れている時間が長いものや、触れる機会が多いものほど、親密になっていくものです。「思考」と長く過ごす人は、「思考」と親密になっていきます。「思考」がより重要なものになっていきます。それは、苦しみのなかに入っていくことを意味します。

だから、「思考」と長い時間を過ごすのではなく、「事実」に触れる時間と機会を増やすことが大事なんです。

47

「自分が見ている」「自分が聞いている」「自分が味わっている」とみなさんは言います。本当にそうでしょうか？　よおーく見ていくと違うはずです。

「見ている、聞いている、味わっている」という感覚が現れているまさにそのときに、「自分が」は、現れていないはずです。そのようすがあるだけのはずです。誰のものでもない感覚だけがあるはずです。

先入観をはずして、そのときの「感覚」に素直に耳を傾けてみることです。好きな食べ物を食べたときの〝感覚だけ〟を追ってみましょう。味は余韻がありますので、やりやすいと思います。舌が味を感じます。鼻がにおいを感じます。口のなかが食感を感じます。おいしいという思考も浮かびますね。

よおーく見ると、それだけしかないはずです。ぜんぶ〝自分なしで〟現れているはずです。

「思考」もそうです。「自分が考えている」、これも違うはずです。あとから「自分が」をくっつけているだけです。

48

それまで当然のように思い込んでいたことが、あるとき、「そうだったのか」と、ひっくり返るときがきます。

それは一瞬で起こります。沸騰したやかんのお湯が、いきなり噴きこぼれるみたいに突然です。

けれども、その準備はずっとされていました。やかんのお湯ならば、ずっと火が焚かれていました。だから、沸騰して噴きこぼれたんです。

このお勉強でいえば、それが「事実」に触れつづけることなんです。

49

右手をあげてください。実際にやってくださいね。左手でもかまいません。今、どちらかの手があがっていますね？

では、質問です。ほんの数秒前の、手をあげていないあなたは、どこにいるでしょうか？　どこにもいませんよね。

道を歩いていたとします。一〇秒前にあそこにいたあなたは、どこにいるでしょうか？　もういませんよね。いたらたいへんです（笑）。

過ぎた瞬間は、きれいさっぱり消えています。あとかたもなく消えています。どこにもありません。あらゆることが、このように現れては消えていきます。これが「事実」です。

ところが、これを「思考」が「記憶」という道具を使って残そうとするんです。さっきはあがっていなかった手が、今はあがっている、あそこからここまで歩いてきた、という具合につくりあげるんです。

けれども、「事実」ではそんなふうにはなっていません。つながっていません。「思考」がそれを「記憶」に残して、勝手につなげているだけです。これが、ものごとをややこしくしているんです。「事実」は、驚くほどスッキリしていますよ。

50

五感は、「あなたなし」で働いています。現れたことに無条件で反応しています。そこに、「あなた」が入る余地はありません。それが生まれたときからずっとおこなわれてきた私たちの活動のようすです。

「でも、〝私〟が感じています」と、あなたは言いますが、違います。そう思い込んでいる「思考」が現れているだけです。

51

「思考」で何が起きていようと、「体」は平然としているはずです。ふだんどおりの活動を淡々とこなしているはずです。

もし、心臓がドキドキするということが現れているのなら、それがたしかなことです。ため息が出るということが現れているのなら、それがたしかに起きていることです。

「体」は、それを「今あるようす」として、そのまんまに私たちのなかに映し出しているはずです。目に映ったものを、そのまんまに見せてくれているはずです。聞こえたものをそのまんまに聞かせてくれているはずです。それが「事実」です。そこに目を向けてください。

やがて、その活動のようすが、「しーん」とした土台の上で起きていることに気づくときが必ずやってきます。

それが、「思考」で何が起きていようと、いっさいの影響を受けない「根源」の静けさです。一時的な思考の静まりによって現れる表面的な静けさとは、まったく別のものです。

52

問題が現れたとき、あなたはどんな反応をしますか？　問題を見ないようにしますか？　真っ向から戦いますか？　それとも、ただじっと耐えますか？　ポジティブに考えれば、問題が自分にとってかけがえのない大切なものになるんだから、これでいいのだと自分に言い聞かせますか？　問題を見るのではなくて、たとえば、夢の実現といったものに目を向けることで問題を一時的に覆い隠しますか？

今、あなたには目の前に大きな問題が立ちはだかっているように見えるかもしれません。けれども、「事実」は、そのようにはなっていません。「問題がある」という「思考」があるだけです。

現れたものごと自体に、「問題」というものはくっついていません。「事実」はそれがただあるだけです。誰もがその「事実」にいつも触れてます。そこに「問題」は現れません。もしやるべきことがあるのなら、それがあるだけです。

53

「思考」に突っ走っても、いいんです。「事実」となかよくできないように感じてもいいんです。うまくいかないという「思考」が出てもいいんです。大事なのはそこではありません。

「ああ、思考に突っ走っているなあ」「感情に引っぱられてるなあ」「事実となかよくなれていないなあ」「なんだかうまくいっていないなあ」という思考の「中身」ではなくて、思考が現れているそのまんまのようすに気づくことが大事なことなんです。そこに目が向いてさえいれば、お勉強は勝手にすすんでいきます。

あるとき、「思考」が現れていようが何だろうが、どうするもこうするもなく、ただそのとおりの活動がおこなわれていることに気づくときがやってきます。それですべてが完結していることに気づくときがやってきます。今、現れているそれだけしかないことに気づくときがやってきます。

54

理解のおよばないメッセージに触れたとき、それをどうにかして頭でわかろうとして、多くの人が迷いのなかに入っていきます。このお勉強で「わかる」ことは重要なことではありません。「考え」のなかに入っていかないことです。
あれこれ考えるのではなく、ただメッセージそのものの力を信じてください。あなたの知らないところで、メッセージがちゃんと〝仕事〟をしてくれますよ。

55

簡単な話、「自分の都合」がなくなれば、すべての苦しみは消えます。逆に、「自分の都合」がたくさんあるほど、苦しくなります。

さらに、「自分の都合」を他人に押しつけようとすると、他人はもっと「自分の都合」どおりになどいきませんから、その分がプラスされて、もっともっと苦しくなります。かといって、「自分の都合」を自分で消すなどということは、なかなかできるものではありませんね。「考え」では、どうにもならないんです。

では、どうしたらいいのでしょうか？　「自分の都合」というものがない場所に触れることです。「ああ、これじゃ、自分の都合の入る余地なんて、どこにもないじゃないか」と気づくことです。それは、いつもあなたのそばにありますよ。

56

探求のようなことをやっていると、ものごとをややこしく考えるようになりがちです。心理学や哲学の本に出てくるような言葉を引っぱり出してきて、あれこれ考える。心のなかに何か素晴らしいものがあるのではないかと探しまわる。それでは疲れてしまいます。

このお勉強はそんなことをするのではありません。「感覚」に注意を向けてください。その素晴らしい活動に気づいてください。

ビールをぐびぐびっと飲んで、「くぅ～、最高ー！」となっているときに、「はて、この感覚は、いったいどこからやってくるのだろうか、いやいや、それよりも、これは、自分が生きているという何よりの証拠なのではないだろうか、いや待てよ、そもそもこれを感じているのは、個の自分なのだろうか？」などと考えてもしょうがないでしょう。「くぅ～、最高ー！」だけでいいでしょう。

大事なのは、今、そこにある言葉にならない「感覚」です。そこに、今、その「感覚」があることだけが〝たしかなこと〟なんです。

わけのわからないことを考えなくていいんです。そんなことではなくて、言葉にならない「感覚」となかよく過ごしているうちに、あるとき、何かの拍子に、あなたの求めていたものが、ちらっと顔を出すんです。

57

私たちの前に現れるすべてのものは、完璧な自動連鎖の「結果」として現れます。

気がついたときには、もう現れています。

私たちがその「結果」を変えることはできません。手をつける隙がないんです。多くのみなさんが「納得できん！」と文句を言うポイントですね（笑）。

私がみなさんによく言うのは、でも、つぎの瞬間に「何が何でもこの人生を自分で変えてやる！」という思考が現れるかもしれないということなんです。反対に、「だめかもしれない……」という思考が現れるかもしれません。何が現れるかわからないんです。

そして、このとき、もうひとつ私がみなさんにお伝えしているのは、このしくみを本当に実感できると、あらゆる問題が消え、そこに何ともいえない喜びが現れるということです。

多くのみなさんが、「今は変えられない」ということを「暗いもの」としてとらえます。そうではありません。明るいんです。軽いんです。

58

あらやだ！ わたし、また「判断」してたわ。

59

「根源」に触れるということを、多くのみなさんは、めったに起こらないことだとか、はるか遠くにあることのように思い込んでいます。そうではありません。

たとえば、あなたがテレビでお笑い番組を見ていて、大笑いをしているとき、その瞬間、あなたは、まちがいなく「根源」に触れているということを知ってほしいんです。

そのとき、あなたは、「ついに到達したぞ！」とか「ついにつかみとったぞ！」などと思ったでしょうか？　思いませんよね。

おおげさなことではありません。ふだんの生活のなかで、私たちは、いつも「根源」に触れているんです。

60

何をどう考えようと、もがいてみようと、「今ある」ことしかありません。「事実」はひとつだけです。今、そこに現れている以外の、ほかの「今」はありません。しかも、それは自動で現れてきます。「考え」より先に現れています。その「今」がずっとつづいていきます。

一方、頭は、「今」が嫌で嫌で仕方がありません。そして、別の「今」、別の「自分」を探し求めています。でも、別の「今」、別の「自分」はありません。今、現れている「このようす」がすべてです。どうやったってこれ以外にありません。

そして、それが考えより先に現れてきます。気がついたときには、ぜんぶが完璧なかたちで現れてくるんです。どこに手をつける隙があるでしょうか?

今、目の前に現れているそれは、あなたが「何か」をした結果のように見えるかもしれません。けれども、原因のように見えるその「何か」は、あなたが決めたことではありません。

「違う行動を取れば変えられたんじゃないだろうか、ほかに道があったんじゃないだろうか」と思うかもしれません。けれども、それはありえません。

「事実」は、「根源」で完璧な準備がすすめられて、ただそのように現れたことです。

あなたはそこにいっさい関わっていません。「今のようす」は、あなたなしで現れているんです。

61

ソファに座ったお尻の感覚が、たしかな「事実」です。その「事実」が、「過去というものはない」ということや、「自分は何もしていない」といった、いろいろな大切なことを示してくれていて、それが自然に苦しみや迷いを溶かしていきます。
ですから、「事実」に向き合っていきましょうね、ということです。とてもシンプルなことなんです。

62

本来の私たちは、「鏡」のように生きています。「鏡」にはいつも、〝いいも悪いもなく〟そのままの「事実」が映ります。「思考」もそのままに映ります。

問題は、多くのみなさんの「鏡」が、映った「思考」をそこに残してしまうことです。そうなると、ものごとがちゃんと映らなくなってしまうんです。

本来、いいも悪いもなく映ったはずのものを、「不安」だとか「後悔」といったものに変えてしまうんです。それは「事実」ではありません。

63

目の前を車がすごいスピードで走り抜けていった。急に雨が降ってきた。信号が赤から青に変わった。子どもが転んで泣き出した。知らない人に道をたずねられた。このように起きたことをあなたは、自分の「外側」の世界が変わったととらえます。けれども「事実」は、そうではありません。それを映し出しているあなたのなかの映像が変わっただけです。あなたの前に現れたものごとを、自分の「外側のもの」ととらえていると、「事実」は見えてきません。それがさまざまな問題をつくり出すんです。

64

自分で選択しているように思えても、どれだけたくさんの選択肢があるように見えても、あなたが選ぶのは、生まれたときにすでに決まっていた〝そのなかのひとつ〟です。これからあなたが選ぶこともすべて決まっているんですよ。

65

あなたとは別に他人が存在していて、あなたとは別の世界をそれぞれが体験しているのではありません。あなたの世界しか存在していません。

あなた以外の人の世界があるとしたら、あなたの「外側」があるということになります。けれども、それはありえないことです。あなたの「外側」というものは存在していないんです。あなたが「根源」そのものです。「理解」の追いつかない領域です。考えるほどにわからなくなっていきます。ですから、放っておいてください。

知っておいていただきたいのは、この「考えてもわからないこと」を、私たちの「体」は、いっさい迷うことなくそのままに活動しているということです。その活動を自分で実感する以外にありません。考えてわかろうとするのではなく、目の前にある「事実」に触れて実感する以外にありません。

66

あなたが正しいと思っていること、価値観、倫理観、ぜんぶ「思考」のなかのことです。

67

あなたに質問です。日本という国はどこに存在しているでしょう?

68

「一瞥」と言われるような体験や、何か「気づきらしきもの」が現れたとき、すぐに「体の感覚」を見てください。たとえば、モノが見えている、聞こえている、座っているお尻の感覚がある、といったことのほかに何か起きているかを見てみてください。たいていは、何も起きていないはずです。
「五感」というリアルな感覚のなかに、「気づきらしきもの」はありますか? どこにもないはずです。「五感」が「事実」です。

「事実」では何も起きていない……。「事実」は、いつもどおり、そこにある。今、現れているようすだけがある。これが、「消えない気づき」です。

69

「根源」に戻る、「静寂」に戻る、「全体」に戻る。言い方はなんでもかまいません。本来のあなたに戻るという言い方もできます。このお勉強は、最終的にはこの一点に尽きます。

そこでは何も起きていません。そこに触れたとき、今、あなたが抱えている問題、悩み、疑問のすべてが「思考の産物」だということがわかるでしょう。

70

私たちが生きているようすは、本当にシンプルです。何の脈略もなくただ現れたものごとを、そのままに受け止め、受け止めたとおりに活動しているのが私たちなんです。

そのようすが、まぎれもなく、「ふたつではないようす＝ノンデュアリティ」なんです。

触れてください。味わってください。

「考え」や「知識」のなかに「ふたつではないようす＝ノンデュアリティ」を見つけることはできませんよ。

71

嫌な思考が現れたときに、多くの人が、「思考が止まらない。止めたいのに止められない」と言います。

まず言えるのは、「思考を止めたい」と思う理由のひとつに、思考を止められない状態がよくないことだと「判断」しているということがあります。けれども、本来、それ自体には何も問題はないんです。思考が止まらないというようすがあるだけです。そこに気づいてください。

つぎに、「嫌な」というのも「判断」ですね。その思考そのものに「嫌」というものはくっついていないはずです。

さらに言うと、それが「自分に起きている」と感じていることです。そうではありません。あらゆるできごと、あらゆる思考は、誰に向かっても起きていません。ただ現れるべきものが、そのようにただ現れているだけです。これが「事実」です。

これを、そのように思いましょう、そのように行動しましょうということではありません。「事実」はこうなのだということをお伝えしているだけです。

同じような状況に出会ったときには、今、言った三つのことを思い出してください。思い出すだけでいいんです。

そのとき、その一瞬前に現れていた思考は消えているはずです。止めたいのに止まらないと言っていた思考がちゃんと止まっているはずです。

72

ノンデュアリティでは、よく「何もしないことが正解」というようなことが言われます。

ですが、この「何もしない」が、まちがって伝わっています。考えを起こさない、じっと静かにしている、行動を起こさない、と多くの人がそのように思っています。これは表面的なことです。

そうではありません。ここで言う「何もしない」は、そこには、考えも、行動も起きています。けれども、それはすべて、「根源」の活動がそのままに現れているだけであり、あなたが何かをしているのではないんです。現れたそのままに、ただあることが、「何もしない」ということです。風に飛ばされた風船は、つねに動いています。けれども、風船自体は何もしていません。それが「何もしない」なんです。

これが実感としてわかってくると、どれだけ騒がしい思考が現れていても、見かけの行動がどれだけせわしなく現れていても、「事実」では、「何もしていない」ということがわかるんです。

そして、これに歩調を合わせるかのように、表面で起きている考えや行動も、自然に静まってきます。

もともと私たちは最初から何もしていないということに気づくことによって、表面的な現れも静まるということです。ここに、こちらからの「働きかけ」はいっさいありません。

ついでに言っておきますと、何もするな、いっさいの考えを起こすな、と言われて、それができる人など、まずいません。

もしそれができるなら、ある意味、最高の実践と言えるでしょう。でも、ふつうはできません。非常に難易度が高く、「何もしないようにする、何も考えないようにする」という別の活動になってしまいます。

そうではなくて、「事実」となかよくなっていくことで、本来の私たちは、最初からいっさい何もしていないということに気づくことで、それが自然になされていくんです。

73

人生と言われるものは、与えられた役を演じているだけです。今、演じているその役が、自分そのものではないことを知っているか、いないかで、その見え方がガラッと変わってくるんです。

与えられたその役が自分そのものでないことを知っていれば、深刻になることはありません。それどころか、与えられたその役を存分に楽しめるんです。

74

モノを得ることや、願望をかなえることで、幸福の〝代用品〟を得ようとする方法が、世のなかにはあふれかえっていますね。

私も本当にたっぷりやってきましたよ。「引き寄せ」などという言葉のない時代でした。インターネットで本が買えるなど想像もできない時代でした。

私がみなさんにお伝えしたいことは、モノ自体に幸福はないということです。何もたなくていいと言っているのではありません。あれば、あったでいいでしょう。ただ、それは、本当の意味での幸福とは、「別もの」です。あくまでも、幸福の〝代用品〟

だということを忘れないでください。

〝代用品〟は、すぐに陳腐化します。すぐにもっと上のものがほしくなります。すぐに別のものがほしくなります。なぜなら、〝代用品〟は、つねに「比較」のなかにあるからです。

75

過去の「思考」を記憶でひとまとめにしたものが、一般的に「心」と呼ばれるものです。そこに行ったのでは何も見えてきません。

「思考」がどれだけ集まっても、「思考」は「思考」です。大事なものはそこにはありません。「心」のようなものには向かわないことです。

こういったお勉強で、「心」の方に向かわないというのは、最初は戸惑いがあるかもしれません。

でも、「事実」をよおーく見ていけば、「心」のようなもののなかに答えはないということが、はっきりわかります。

「思考」とおつき合いするのではなくて、「事実」がどうなっているのかを見ていくことです。大事なのはそれだけです。

76

たくさんの「理屈」を知って、その「理屈」の方に自分を合わせようとするから苦しくなるんです。合いませんから。

オリンピックの水泳選手のハイレベルな泳ぎの理論を聞いて、そこに自分を合わせようとしたって無理に決まっています。

「理屈」が先行すると苦しくなるんです。今できることからやっていくこと、それが『バタ足』のお勉強です。

77

もともと多くの人が、苦しくて、それを変えたくて、このような学びに入ってくるわけです。

ところが、ノンデュアリティに興味をもって、いざ話を聞いてみると、「そのままでいなさい、すべては満ち足りているんです」などと言われるわけですから、反発したくなるのも当然といえば当然ですね。

でも、「何か気になってしかたがない」「きっと何かがあるに違いない」と思って「残る人」だけが、「真実」に出会うことができます。

そして、わからないなりにもあれこれやっているうちに、あるとき、「ああ、ほんとにこのままでよかったんだ」と笑える瞬間に出会えるんです。

78

嫌なことがあってイライラする。そのイライラが、迷うことなく、そのまんまに現れて、そして、完結していきます。

ここに、私たちが手をつける余地などどこにもありません。すべてが自動の活動です。

79

すべての人が、いつも「根源」に触れています。ところが、多くのみなさんは、「思考」に振りまわされていて、本当に大事なところに注意が向いていません。まずはそこに気づくことです。

「五感」に戻るのは、その入り口です。「五感」に戻ることは、誰にでもできることです。「五感」がわからないという人はいません。

あなたの世界のすべては、「五感」がつくっています。それを感じてください。多くの人がむずかしく考えてしまっています。簡単なことなんです。「五感」に戻ることはとても自然なことなんです。

80

目先に現れるさまざまなできごとが、夢のようなもの、ゲームのようなものであるというのは、それらの現れがどうでもいいとか、無関心になるということではありません。逆ですね。楽しめるようになるんです。

仕事だってゲーム、人間関係だってゲーム、何か夢をかなえることだってゲームです。あらゆることがゲームです。ゲームは真剣にやった方が楽しいんです。「ババ抜き」

だって、熱くなるほど真剣にやった方が楽しいんです。

でも、あくまでもゲームなんです。しばし楽しんだら、本来の私たちのようすに戻ればいいんです。

でも、ここが、みなさんがなかなかうまくいかないところですね。ゲームだと思えない、戻ろうにも戻るところがはっきりしない、どうやって戻ればいいのかもわからないわけです。だから、このお勉強が必要なんです。

81

すべてが「自分のなかで起きている」ということをほんとうに実感できたとき、はっきりと気づくことがあります。

それは、「自分のなかに現れている」と感じていた感覚が、じつは、「自分」という器みたいなものがあって、そのなかで起きているのではなかったという気づきです。

そこに「自分」というものは、どこにも現れていないことを知るんです。

それが見えたとき、「自分のなかで起きている」ということの本当の意味がわかります。そのとき、あなたは、「おおお、そういうことだったのか！」と感動するでしょう。

82

問題があると思うのは、「自分の都合」を中心にした「思考」によるものです。

「自分の都合」を中心にした「思考」の上では、問題はつぎつぎと現れます。とめどなく現れます。なくなることはありません。

けれども、本来の私たちの「考え」のない在り方では、すべてが完璧におこなわれています。そこには問題というものはなく、「安心」「喜び」だけがあります。

このお勉強は、この「自分の都合＝思考」のない在り方がどうなっているのかを知ることです。それによって、それまで大問題のように見えていたものが、まったく違って見えてくるんです。個々の問題の解決ではなく、問題そのものが姿を消すんです。

83

目がどんな働きをしているか、よーく見ていくことです。耳がどんな働きをしているか、よーく見ていくことです。

「感覚」が、どこにも継ぎ目のない「今のようす」を私たちに教えてくれています。命の活動のようすを教えてくれています。それに触れてください。

84

「不安」とか「恐れ」というものは、誰にでも現れるものです。老い、病気、死、身近な人との別れ、モノやお金や境遇が損なわれること、地位や権利が脅かされること、まわりに受け入れられないこと、そのほか、あげればきりがありません。

現れるのが、ときどきで、多くの時間は忘れられているような場合は、それほど大きな問題にはなりませんが、長い時間にわたって支配されるようになると、たまらなくなるわけです。

私が申しあげたいのは、そのことをあれこれ考えるのではなく、それを「悪いこと」「嫌なこと」という「判断」が起きる前の感覚に気づいていただきたいということなんです。そこに本来の私たちの生きているようすがあって、そこには、「不安」や「恐れ」というものはありません。

一度でも、そこからの視点をもつことができれば、目の前に「不安」が現れたら、現れたまま、そのままに何ごともなくすすんでいくようすが見えてきます。そこに「不安らしきもの」がありながら、スルーされていく感覚です。自分でスルーするのではありません。あなたは何もしないまま、勝手にスルーされていくんです。

「不安」というものは、手ごわい相手です。専門家の治療が必要になるほどのものだってあります。ですから軽率なことは言えません。

けれども、本当に少しずつでも「事実」に目を向けていくうちに、「思考」には何の力もなく、ましてや、自分を脅かす力などどこにもないということが必ずわかってきます。「思考」は、私たちに触れることさえできないということがわかってきます。

そこに気づくことができれば、必ず何かが変わってくるはずです。

85

このお勉強なしに感じる「痛み」と、お勉強がすすんだあとの、純粋な体の感覚としての「痛み」には差があります。

その差とは、そこに「思考」がくっついているか、いないかの差です。「思考」が、不安や恐怖をまき散らしたとき、「痛み」は実物以上に大きくなります。

また、「痛み」は悪者で〝あってはならないもの〟という決めつけが、「痛み」を実物以上に大きくするんです。

86

あなたは、ちゃんと導かれています。完璧に導かれています。でも、どこに導かれているのかが、きっと心配なんですよね。

あなたが思っていることとぜんぜん違う場所に向かっているのではないか、あなたがこれだけは嫌だと思っているところに連れていかれてしまうのではないか、と。

それも今は仕方のないことです。その思考の現れも、それが現れるべくして現れたんですから。

でも、このお勉強をつづけていくことで、その導きに対して、疑いのない絶対的な信頼が生まれ、すべてをまかせる強い〝覚悟〟が現れます。それが、「覚る（悟る）」ということです。

87

「事実」に触れるのは、当たり前すぎて、一見、退屈そうに見えます。反対に、「思考」は刺激的で、わかりやすくて、すぐにその世界に入っていけます。

映画にたとえると、「思考」は、ハラハラドキドキが止まらない、ハリウッドのクライムアクション映画みたいなものです。

一方、「事実」は、何でもない一般女性の日常の小さなできごとを描いたフランス映画みたいなものです。じわじわとそのよさがわかってきます。味わった人だけがわかるんです。

88

目がモノをとらえるとき、はじめて見るものであっても、私たちの五感は、けっしてまちがえることはありません。耳が音をとらえるとき、それがはじめて聞く音だったとしても、まちがえることはありません。すべてを正確に、しかも完璧にとらえます。けれども、それを人が頭で認識したときに、ズレが出ます。わからないとか知らないという「思考」がはさまって、「事実」からどんどんズレていくんです。「五感」は、どんなものも完璧にとらえています。「思考」がそれを歪ませてしまっていることを知ってほしいんです。

89

「ただ起きている」「全自動」という理屈を知って、「全自動なのだから」と頭で考えてどうこうしようとする、変えようとするのは違います。

また、「ふたつではない」や「無」や「真我」といったことに関する知識を集め、〝想像上でつくった〟それに向かっていく、探し求める。このお勉強は、そういうことではありません。

「事実＝五感」に触れていくなかで、人が手をつけるところなどどこにもなく、「すべてが手放しで運ばれている」ということが、自然とわかるようになるためのお勉強です。

そうなったときにはじめて、「何もしない、放っておく」ということが、自然におこなわれるんです。「考えの上で」どうこうしようとすることではありません。

最初はそれも必要です。たとえば、「今を変えたい」という思いがわきあがっていることに気づいたら、そこから離れてみるということもやっていく必要があります。

でも、本当は、自然にそうなっていくものなのだということを忘れないでください。

そして、このときに現れる「何もしない」は、「何もしない＝何もできない＝何も変わらない苦しさ」というふうには絶対になりません。そのようになるのは、その実感がない状態で、「頭」で考えているからです。まだ「事実」がちゃんと見えていないからです。

90

「体」をもって生まれたときから、「五感」は開け放たれています。どんなことにも触れたままに反応して、自分などというものなしに、ただそのとおりに活動していきます。欲求や執着をいっさいもっていません。これが、「思考」のはさまる余地のない本来の私たちの活動のようすです。

言いかえると、私たちの「体」は、生まれたときから悟っているということです。

もちろん、「体」はそれをわかっています。

でも、「頭」にはそれがわかりません。ですから、「頭」にわからせる必要があります。そのためには、一度、思考から離れるという経験が必要なんです。

91

「うまくいかない」と感じるのは、「考え」のなかにいるからです。「考え」のないところでは、私たちの活動は、すべてが、ただそのとおりにあるだけです。「そのまんま」のようすがそこにあるだけです。

その活動そのものが、うまくいっていないことなど絶対にないんです。

92

「自分が消えない」と多くの人が言います。

では、お聞きします。

「自分が現れた」と感じたその前はどうなっていたのでしょうか？　ずっと「自分がいる、自分がいる」などと思ってはいなかったはずです。「自分」などというものなしに活動していたはずです。

私たちはいつもそのように活動しています。ところが、このようなお勉強をはじめた多くの人が、「自分」というものを固定された何かのように思い込み、苦しむんですね。

でも、実際には、「自分」などというものはないはずです。何かの行動をしているとき、「事実」には、「自分」などというものは出てきません。

たとえば、チャーハンを強火でいっきに仕上げるとき、その〝行為〟だけがあって、主体のようなものは、どこにも出てこないはずです。もちろん、他人も出てきません。自分もいない、他人もいない、ただそのときのようすが、あなたのなかに現れているだけのはずです。

「自分はいない」ということを頭で追いかけていませんか？　そこに答えはありませんよ。

93

お金を得ることとか、すてきなパートナーとめぐり会うとか、何かしらの目標を達成するといった「自分の都合」がかなうことが、一般的な幸福の条件にあげられますね。けれども、このお勉強で話されている〝真の幸福〟は、このようなものではありません。

実際に経済的にあれこれたいへんなときや、「自分の都合」どおりにことが運んでいないときに、こんな話を聞いても反発がわくものです。人は、〃真の幸福〃が本当に実感されるまでは、「自分の都合がかなうこと」と幸福を切り離すことができません。それがふつうでしょう。

けれども、このお勉強は、このような「自分の都合」というものが取っ払われたときにはじめて姿を現す〃真の幸福〃のお話だということを、けっして忘れないでください。

94

「五感」となかよくなるというのは、修行をするようなことではありません。特別なことではありません。私たちの自然な姿なんです。

ところが、私たちは、やらなくてはいけないことや、騒がしい思考に振りまわされていて、その自然な姿が見えなくなってしまっています。忘れているだけです。

機会があったら、いっさいの持ち物をもたずに、大自然のなかに身を置いてみてください。「五感」となかよくなることが、自分でどうこうするようなものではないことがわかりますよ。

95

「あなたと冷蔵庫は同じです」というメッセージを受け取った瞬間、あなたの頭に浮かんだ「え？」という思考は、あなたがコントロールできたことでしょうか？　できませんよね。自動で現れたはずです。

時計を見た瞬間に、「時計だ」と、自動で浮かぶんです。本当は、その前に、時計という名称のない、ただの物体が見えている瞬間があります。

車のクラクションが聞こえた瞬間に、「クラクションが鳴っている」と自動で浮かびます。これも同じように、本当は、クラクションという名称のない、ただの音が聞こえている瞬間があります。

すべてのものが、私たちが認識するより前に、私たちがどうこうする前に現れてきます。それがずっとつづいているんです。

96

「対象ではない」というのも、「そのものになっている」というのも、私たちの自然な姿です。「頭」は、「わからない」と言いますが、私たちは、実際にそのように活動しています。

誰もが子どものころから、「自分と自分以外」という関係性が当たり前のなかで育ってきました。何十年そうしてきたのでしょう。ガチガチに凝り固まったとてもがんこな観念です。

これを「頭」で考えて変えるというのは無理な話です。観念のくっついていない「事実」となかよくなっていくことで、それが思い込みだったと実感するしかありません。

97

「根源」に触れると、何をどうすればいいのか、何をしてはいけないのかという「考え」が入り込む隙などどこにもないことがわかります。

ただ現れるがままにすべてがひとりでにすすんでいきます。そこに迷いというものはありません。

これがはっきりと見えたとき、あなたは、こうつぶやくでしょう。

「ああ、自分は本当に〝手放し〟でいいんだ」と。

98

モノがそのように見えていること、音がそのとおりに聞こえていること、つねったら、つねったように痛いこと、これがモノとひとつになっていることなんです。

夕飯の用意で料理の味見をしているとき、アイロンがけをしていて、「プシューッ」という蒸気を感じているとき、その瞬間、あなたは「根源」とひとつになっています。

もっと言うと、あなたは、生まれてからずっと「根源」とひとつです。離れたことなんてありません。あなたがどれだけ嫌だと言っても、あなたは目の前の現れたそのようすとぴったり重なって、ひとつになっています。

景色だって、音だって、痛みだって、かゆみだって、ぜんぶです。否応なしに、私たちはひとつにさせられています。ずっと「ひとつでありっぱなし」なんです。

99

みなさんとお話ししていてよく感じるのは、自分についても、他人に対しても、何をするにしても、何を考えるにしても、本当にたくさんの判断基準のようなものをもっているということです。これはいい、あれはだめ、それはいい、これはだめ。ああした方がいい、ああしない方がいい。

そのような判断に気づいたら、「ちょっと待った！」をかけてあげましょう。判断にとらわれっぱなしではなく、いいも悪いもなく、そのように現れているということに気づくことが必要です。

そこに焦点が合ったとき、「判断」というものの愚かさに気づきます。「判断」などあってもいいし、なくてもいいと知ります。現れているだけで相手にしなくていいのだと知ります。とらわれるようなものではないということがわかるんです。あるとき、完全なスルーが起きていることに気づくでしょう。

100

多くの人が、「自分の都合」を満たすことで得られる一時的な「幸福らしきもの」を追い求めて一生を終えていきます。

そのなかで、「根源」に触れることで得られる「本当の幸福」に興味をもつということが現れる人はけっして多くはありません。

自分が望んでそうなることはできません。そうなるように決まっていた人だけがそうなります。ですから、この欲求が現れることは、ある意味、貴重なことだと言えます。

そして、この欲求は、仮に、二元の世界のなかで、これといった不満もなく、夢もかない、望む暮らしを手に入れたとしても消えないものです。根源的な欲求です。

一度この欲求が芽生えると、消えることがありません。この欲求が芽生えたこと自体を楽しんでください。

101

広場を草が覆いつくしているようすをイメージしてください。風にゆらゆらとなびいています。ときに雨にさらされ、酷暑の日差しを浴び、極寒を耐え忍び、花を咲かせ、ときには、枯れてしまうこともあります。いつも変化のなかにあります。

土は、これを見ています。起きていることのすべてを知っています。けれども、土は、それが〝自分に向かって〟起きているのではないことを知っています。そして、土のなか深くでは何も起きていないことを知っています。

102

くり返し、くり返し、「体の感覚」に戻っていくことです。じつはこれが、「静寂に身を置く」ということとつながっているんです。

103

たくさんの知識をもっていることが、かえってこのお勉強のじゃまになってしまうことがあります。

それは、たとえば、「悟りとはこうである」「空《くう》とはこうである」といったことを概念として自分のなかにつくりあげてしまうことです。そして、それに向かっていこうとしてしまうといったことです。

また、そのつくった概念と、新しく仕入れた知識や概念を比べて、正しいとか正しくないとか、矛盾するとかしないとか、あれこれ考えはじめることです。意味がありません。「知識」をおもちゃにして遊んでいるだけです。

そうではなくて、「自分の活動」を見て、たとえば、世界のすべてのものが自分のなかに現れているということや、自分が何ひとつ介在することなくすべての活動が現れているといったことを、自分自身で実感していくことです。音が聞こえたら、聞こえたときには、もうそれは終わったことだと知ることです。それが「学び」です。

言葉を追いかけることは、このお勉強に関しては役に立ちません。本を読むことや、「知識」を得るのは、「知識は役に立たない」ということを知るためのものだと思ってください。「知識」が直接このお勉強の力になってくれることはありません。そう思えたときが、このお勉強の本当のスタートです。

104

「根源」には、人が介在することのできない、何の意思もない、とてつもない〝完全自動の連鎖〟が存在するだけです。

その完璧さ、壮大さを知ったとき、これを人の力で動かせるかもしれないとか、わずかでも変えられるかもしれないなどということは、絶対に思い浮かびません。それくらい圧倒的な存在がそこにあるんです。

105

「思考」は、現れているだけなら何の害もありません。つかまえるから問題になるんです。

106

苦しみや孤独感、欠落感、世のなかの不条理、そのほかさまざまなきっかけで、私たちは、「人は何のために生きているんだろう？　何のために生まれてくるんだろう?」などと考えたりします。

また、このお勉強をしていて、「すべては決まっている、私たちは何の選択も何の行動もしていない」というメッセージに触れて、「じゃあ、私たちって、何のために生きているの?」という疑問をもつ人もいます。

これを、「思考」のなかに答えを求めると、暗い迷路のなかに入っていきます。どれだけそれらしい理屈を聞いても、気持ちが晴れわたるようなことは、まずありません。「そうかもしれないけど、でも……」がなくなることはありません。

その瞬間に現れている「事実」と向き合うことです。見えたものが、見えたまんまにあること、聞こえたものが、聞こえたまんまにあること、「思考」によってゆがめられていないたしかな「事実」に触れることです。

そこには、何のために生きているのかとか、人生の意義だとか、人間とは何かとか、何かを成し遂げるとか、そういうものはいっさい存在していないことがわかります。

何も欠けるもののない、それしかありえない完璧としか言いようのない「今」があることがわかります。それが、私たちが生きている本来のようすです。

さらに言うと、多くの方が疑問に思うこの「何のために?」というのは、人生と呼ばれるもののなかで何かを達成するとか、使命を果たすといった、自分の存在意義のようなもののことを言っていることがほとんどです。

これは、「個」というものがある前提のお話です。「対象」がある前提のお話という言い方もできます。これらを前提に成り立つ人生と呼ばれるものは、言ってしまうと、夢のようなものです。そこに意義のようなものはありません。

それでも「何のために?」というのをあえて言うなら、「体」が背負ってきた「役」を演じることです。それを楽しむことですね。でも、それはあくまでも夢のなかのことです。

この人生という夢のようなものに縛られるのは、「思考の世界」にとらわれることになり、それが「事実」を見えなくしているんです。

「事実」のなかには、そのような目的とか、何かを達成するといったものはいっさいありません。

ただその瞬間その瞬間に現れるものと一体になって、つまり、「根源」と一体になって過ごしているようすがあるだけです。そこには、「個」というものはありません。

これを聞いて、「つまらない」「むなしい」と思うのは、それを知らない「頭」が思うことです。

「そうじゃないんだよ、つまらないなんてとんでもないよ」と、どれだけ話をされても、「頭」には理解することができません。なんとなく想像することが精一杯です。想像に意味はありません。

実感したときにはじめてわかることです。そこに、たったひとつのものがあることを知ります。

それをすぐにはっきりと体感することはできないとしても、垣間見ることや、ちらっと感じることはできます。それが『バタ足』のお勉強なんです。

107

気づかないうちに、私たちは、つぎつぎと目の前に現れてくるできごとを、思考の上で片っぱしからつかまえて暮らしています。あまりに当たり前にそれをやりつづけてきたので、自分がそれをやっていることさえ気づかずにいます。

一度、自分がいろいろなものをつかまえているという「事実」と、それがさまざまな苦しみをつくっているということを、ちゃんと知る必要があります。まずはそこからです。

108

目の前に現れたものごとに対して、「判断」を起こすことが、「真実」を見えなくしています。

「判断」が起きる前は、どうなっているのかを知ってほしいんです。「思考」が走り出す前は、どうなっているのかを知ってほしいんです。モノの「名前」が出てくる前は、どうなっているのかを知ってほしいんです。

109

日のあたる花壇に、あさがおの種をまいて、きちんと水をあげていれば地面の下で育っていきます。

やがて地上に芽を出すときがきます。地上にポコッと芽を出したあとは、その後の成長が見えますが、地面のなかにあるあいだは見えません。でも、確実に育っています。

このお勉強による「変化」も同じです。成果らしきものが見えなかったとしても、二元の世界への強い〝しがみつき〟があったり、お勉強のやり方自体に大きなまちがいがないかぎり、「変化」は確実に起きているはずです。
だからこそ、お勉強のやり方が大事なんです。

110

「本当にただそのように現れているだけなんだなあ」「今、目の前にあるこれだけしかないんだなあ」ということが深く実感できて、そのままにある生活をしていたら、否が応でも「真実」は見えてきます。

111

実践をしているときや、ふだんの生活のなかで、ふと感じた感覚を、「自分が感じたこれは正しいのだろうか？」と迷うことがあると思います。でも、だいじょうぶです。ふと感じたあなたの感覚はまちがってなどいません。

感覚そのものはまちがえることはありません。また、それがあなたのなかに現れたこと自体も、まちがいのないことです。

ただ、注意が必要なのは、多くの人がそれを「記憶」に残してしまうことです。まちがいが起こるのは、その「記憶」をあれこれいじくりまわしたり、詮索をはじめたりしたときです。

現れたものは現れたものとして味わい、あとに残さないことです。それが何だったのか、ということもどうでもいいことです。たいていは大したことではありません。もし、それが何か大したことだったら、あなた自身がはっきりわかりますよ。そのあと、世界がまったく違って見えるはずですから。

112

人生と呼ばれるものにおけるさまざまな悩みや問題についてお話をお聞きするとき、このように言う人がいます。

「私は、ぜいたくを言ってるんじゃないんです。ただ、今、これこれこういう問題があって、これさえ片づいてくれたら幸せになれるんです！」というようなことです。

でも、本当にそうでしょうか？　目の前のその問題さえ片づけば、それで万事オーケーになるのでしょうか？

残念ながら、そうはなりません。問題がひとつ片づけば、新しい問題が必ず浮上してきます。仕事、人間関係、親子関係、夫婦関係、子どもの問題、お金、恋愛、姑問題、ご近所づきあい……。

今、あなたの目の前に現れている「これさえ片づけば」という大問題の陰に、今は見えていない問題が一列になってずーっとつながっているんです。はるか彼方までつづく大行列です。

どこまでつづいているんでしょうか？　終わりがないんです。一生です。問題そのものは、死ぬまで現れつづけます。新しい問題が出てくるたびに、悩まされ、個々の問題と取り組むことに振りまわされつづけます。

そこから離れて、すべてのおおもとでは何も起きていないということを知ることです。それを問題ととらえている「思考」から、一度、離れることです。

113

朝起きてすぐに「自分」が現れる？

本当でしょうか？　「自分」などどこにも現れませんよ。ふっとわいたどうでもいい「思考」に、あなたが勝手に「自分」というラベルをつけただけです。

でも、まあ、いいでしょう。百歩ゆずって、仮に、それを認めたとしても、そんなものよりぜんぜん先に現れている大事なものがあります。

それは、「五感」です。あなたが「今、起きた」と気づく前からそこにあります。つねにあなたのなかにあって、あなたにすべてを見せ、無言であなたをしかるべき場所に導いてくれる「あなただけの先生」です。

それを見ずに、「自分」などという架空のものを「頭」でつくりあげて、振りまわされるのは、やめにしましょうね。疲れるだけですよ。

114

世界で起きている悲惨なできごとなどについて、聞かれることがありますが、答えは、これ以上ないほどにシンプルです。

これについてどんなに素晴らしい理屈を聞いたとしても、あなたのなかの「でも……」は消えませんよ。どれだけ頭で考えても、絶対に答えは見つかりません。「なるほど、そういうことなんですね！　おかげで、すっきりしました！」などと、あなたが心から納得できる「理屈」はどこにもないんです。そんなことをするのがこのお勉強ではありません。

答えを見つけるのは、たったひとつの方法しかありません。善も悪もない「根源」の活動に触れる以外に答えはないんです。

それはけっしてむずかしいことではありません。あなた自身の活動を見れば、すべてがわかるんです。

「考え」のなかに答えを見つけようとすることから離れてください。「事実」に触れ、「根源」に戻ること、これ以外に答えはありません。

115

喜びや至福感はひとつです。いろいろな種類の喜びや至福感があるのではありません。すべて、たったひとつの存在である「根源」に触れたときに現れるものです。

通常は、夢がかなうとか、ほしいものを手に入れるとか、嫌なことが去るといった何かの条件が整ったときに、私たちはほんのわずかの時間、「根源」に戻り、喜びを味わいます。

けれども、これは条件つきのものなので、条件が薄まれば喜びも薄まり、条件が消えれば喜びも消えます。そして、またそれを求めて、条件を満たせるように走りまわります。

でも、本当はそういう何かがなくても感じられるものなんです。現れたり、薄まったり、消えたりするものではありません。

ですから、あせらなくてだいじょうぶです。いつでもそこにあって、いつまでてもあなたを待っていてくれていますから。

116

今、目の前に現れているあなた自身の活動のようすが、あなたにすべてを教えてくれます。

見える、聞こえる、におう、味がする、感じるという当たり前に触れてきたこれらの感覚が、本当に当たり前なのかを、ちゃんとたしかめてほしいんです。

あなたが見る場所を変えただけで、さっき見えていたものが消えて、どこにもないことをたしかめてください。消えた音を、もう一度聞くことなどできないことを自分でたしかめてください。

モノや音やにおいが、いつどこに現れるのかをたしかめてください。どんなふうに現れるのかをたしかめてください。

「そんなことで何がわかるのか」と思うかもしれません。でも、「そんなこと」のおかげで、私たちはちゃんと生活することができているんです。そして、何より、そこにみなさんが求めている「自由」があるんですよ。

117

「体の感覚」それ自体が、「根源」とじかにつながっています。そして、「根源」そのままの活動をしているんです。

118

人間関係で悩んでいると感じているとき、誰かさんとの人間関係に悩んでいるのかというと、じつは、そうではなくて、「悩んでいるという思考」に苦痛を感じているんです。

そこには、「悩んでいるという思考」だけがあって、「人間関係」そのものは、もうどこかに消えているんです。

もっと見ていくと、問題となっているその相手がどこにいるのかというと、あなたのなかです。「思考」のなかです。ここに、さらにいろいろな「思考」がたくさんくっついて、雪だるまのようになった「思考」に、あなたは、ひとりで苦しんでしまっているわけです。

あなたが苦しんでいる人間関係は、「悩んでいるという思考」に苦しんでいる「あなた自身」との関係性です。

問題はあなたの「外側」にあるのではないんです。あなた自身の「思考」と折り合いがついていないだけです。そこに気づいていてください。

119

現れるものすべてが、想像をはるかに超えた全自動です。ですから、「自分のせいで……」などというのは、ある意味、傲慢な考えです。

私たちに何かを起こす力などありません。すべてが、壮大かつ完璧な自動連鎖によって現れています。

私たちは、そのとてつもない自動連鎖のなかにプカプカ浮いているだけです。これが本当にわかると、ただただ楽なんです。「ただ浮いているだけなんて……」などという反発や無力感が現れることはありません。

「ただそのように在る」ということが、どういうことなのかが、はっきりとわかります。

120

夢に向かって走り出すかどうかを迷っている人と金森の会話です。

金森「やりたいことがあるのなら、おおいにやったらいいじゃないですか。あなたは自由なんですよ」

夢追い人「でも、結果というか、それがかなうか、かなわないかは決まってるんですよね?」

金森「はい。そうなっているか、いないか次第です」

夢追い人「なんだか、やる気が出ません」

金森「では、そういうことなのでしょう」

夢追い人「じゃあ、もしやる気がわいてきたら?」

金森「それが現れることが決まっていたということです」

夢追い人「でも、やっぱり安全な道も確保しておこうかと思うのですが」
金森「それも自由です」

あなたには何の制限もありません。どんなことでもできる自由のなかにいます。何を選んでもいいんです。

ただ、どんな道を選ぼうと、じつはそれも最初から組み込まれていたことです。すべてが決まっていたことです。

私たちは、絶対に外れようのない道を歩いています。行き先が決まっている道を歩いています。ただ、その行き先が、私たちには絶対にわからないんです。一秒先のこともわからないんです。一秒先になってみないとわからないんです。

121

あなたに質問です。ひとつ前の文章を読んでいたとき、「〝自分〟が読んでいる」などと思いながら読んでいましたか？

122

何か新しい「知識」を得て、「なるほど！」ということが増えても、それは「知識」がひとつ増えたに過ぎません。

気づきのようなものは、それとは別のお話です。「知識」や「思考」がそこに連れていってくれることは絶対にありません。

そうではなくて、「知識」や「思考」のない場所に触れることが必要なんです。歩いているとき、歩いているようすだけがある、このことを知るのに、たくさんの「知識」は必要ありません。むずかしい話など必要ないんです。

123

思考はいくらあってもかまいません。無理に静める必要もありません。

もし仮に、一時的に思考が静まったとしても、それはとても不安定なものです。なぜなら、それは、多くの場合、静かになったという「別の思考」が現れているだけだからです。

このお勉強は、そのようなものではありません。「思考」が現れてくる「根源」に気づくことなんです。

そこでは、どんな思考が現れていようが、騒がしかろうが、ただそのようすがあるだけです。

124

どこまでいっても、私たちは「受け身」です。自分の意思で何かをしているようなようすは、どこにもありません。つぎつぎと目の前に現れるものに反応して、ただそのようにあるだけです。

「五感」を見てください。一目瞭然です。「五感」の何を取っても、私たちは完全な「受け身」です。自分から何かをしているようなことはありません。これが私たちの生きているようすです。これが本当に実感できれば、見える世界がガラッと変わります。

125

「過去」は、「思考」のなかにあります。「記憶」のなかにあります。一瞬でよみがえり、一瞬で消えます。

「長く苦しかった時代」を思い出すのも一瞬です。「長かった」という「思考」が現れるだけです。すべてが、こま切れの場面でよみがえります。そこに時間の経過はありません。夢のようなものなんです。

126

「心」に行けば迷う。「考え」の方に行けば、これまた迷う。「心」も「考え」もとても複雑です。複雑なことというのは、人をさらに思考に引っぱりこみます。「これがわかれば、自分が救われるのではないか」と思わせる性質があります。それがこのお勉強をややこしくしているんです。

知的好奇心を満たしたいなら、それもいいでしょう。でも、真実を知りたいと思うなら、それをいつもシンプルに教えてくれているものに触れてください。「根源」から離れることなく、ぴったり一致して活動している「体」に注意を向けてください。

そこに答えがあります。

127

私たちには、小さいころから植えつけられてきた価値観や倫理観、常識の類《たぐい》、たくさんの思い込みがあります。ノンデュアリティのメッセージは、思考を取り払った私たちの活動のお話なので、そういったものを超えたものがたくさんあります。

そのようなメッセージは、反射的に拒否反応が起きてしまって、素直に受け取ることができません。代表的なものは、「ものごとには善も悪もない」とか「個の自分はない」といったメッセージです。

これを頭だけで無理に受け取ろうとすると、「これこれこういう理由でこれは正しいメッセージなのである」という、自分を納得させてくれるような「理屈」を探しまわることになります。

これが迷いの原因です。なぜなら、いくら探したところで、そんな「理屈」はどこにもないからです。「理屈」ではどうにもならないものなんです。

そのようなメッセージに触れたときは、無理に受け取ろうとしないことです。つかもう、わかろうとすればするほど、迷路のなかに入っていきます。

こんなふうに思ってください。

あなたの目の前にスルメがあるとします。しかも、カッチカチに硬い「スルメの足」です。いきなり強く噛んだら、歯が欠けてしまうかもしれません（実際、私、ずっとむかしですが、前歯が割れてしまったことがあります）。ですから、けっして無理に噛もうとしないことです。とりあえず口に突っ込んでおいて、噛むでもなく、吐き出すでもなく、そのまま置いておくことです。そうすれば、そのうち自然に柔らかくなって噛めるようになります。そして、噛めば噛むほどに旨味が出てくるんです。

あなたが今、拒否反応を起こしているメッセージは、この「スルメの足」と同じです。受け入れるわけでもなく、拒否するでもなく、そっと横に置いて、放っておいてください。そして、そこから離れて、「事実」に向き合うお遊びをコツコツとつづけてください。「五感」に戻ってください。そして、感覚が開いていくのを楽しんでください。

「事実」に触れていくことで、あるとき、受け取り拒否の原因となっていた価値観や倫理観といったもののすべてが、「ただの思考の産物」だったということを知ります。そうなったとき、あなたはノンデュアリティの〝旨味〟をたっぷり味わうことができるでしょう。

128

むずかしいことは抜きでいきましょう。あなたは、今、たしかに生きています。まちがいなく生きています。そこに嘘はないでしょう。

その生きているようすをきちんと知ることです。宇宙のことや、生まれる前のことは放っておいていいんです。今あるたしかなことに触れていくことです。それは、むずかしいことではありません。

言ってみれば、おとなの自覚をもった状態で、生まれたばかりの赤ちゃんと同じ体験をするようなものだと思ってください。赤ちゃんはむずかしいことなど知りません。むずかしい言葉も知りません。けれども、彼らはまちがいなく、「思考が動き出す前の活動」「ふたつではない生き方」をしています。

129

自分が何の判断も、何の行動もしていないことに気づけたら、後悔はありえません。これは、理屈を知って、「自分は何の選択も、何の行動も起こしていないのだから」という根拠があって、そう思えるようになるのではありません。ただ単純に、後悔ということ自体が現れないんです。現れは、理屈がどうこうではありません。理屈抜きなんです。

130

「感情が離れない、放っておけと言われてもできない」というのは、現れた感情の「中身」に目を向けているからです。

たとえば、自分がつらい状況に直面して、悲しいという感情にとらわれたり、誰かに何か嫌なことを言われて、怒りに振りまわされたりしたときに、現れた感情の「中身」をつかまえて、それを「放っておくことができない」と言っているわけです。

そうではありません。感情の「中身」には触れません。「現れているようす」に目を向けることです。わきあがっているようすそのものです。

どんな感情なのかという「中身」は関係ありません。その中身を検証することや、あれこれいじくるのは哲学や心理学の世界のお話です。このお勉強は、そこには行きません。

「出ているようす」です。激しく出ているのか、弱く出ているのかといったことです。そこに目を向けていくと、「感情」に飲み込まれるということは自然に薄れていきます。これが「自分の活動」に目をむけることであり、「自分に戻る」ということです。

この感覚がつかめれば、不安や怒りも出るがまま、ということが実感としてわかってきます。一度つかまえた感情の「中身」を覗き込んでから、それを放っておこうとすることではありません。

131

絵画の素晴らしさを知るには、たくさんの絵を見る以外にありません。ワインの素晴らしさを知るには、たくさんのワインを飲む以外にありません。

それと同じで、たくさんの「事実」に触れてみないと、「事実」の素晴らしさを感じることはできません。ただモノが現れていることの素晴らしさがわからないんです。当たり前すぎて。

「事実」となかよくなることです。「根源」と一体になって、完璧としかいいようのない活動をしている「五感」となかよくなることです。「五感」を開くことです。触れれば触れるほど、その素晴らしさがわかってきます。

私は若い頃、サーフィンに夢中になっていました。湘南に移り住み、ろくに仕事もせずにサーフィン三昧の生活を送っていました。海も空も風も好きです。すべての景色が好きです。そのなかで、もっとも好きなのは、じつは砂浜の「感触」なんです。足の裏に感じる砂の感触です。季節、天気、さまざまな条件によって、ひとつとして同じもののない砂の感触です。この素晴らしさを感じることができるのは、数えきれないほど砂に触れ、そこでたくさんの時間を過ごしたからです。

「事実」となかよくなってください。それが与えてくれる見返りは、あなたの想像を超えるものです。

132

あなたが見るものと、あなたのなかに映るものはぴったり同じです。ズレることがありません。

もし、このふたつが違っていたら、おかしなことになってしまいます。空を見ているのに、あなたのなかには地面が映っているなどということには絶対になりません。ふたつは必ずぴったり同じなんです。これがあらゆるものに対して起きています。

もちろん、人も同じです。映ります。寸分の違いもなく、この私があなたのなかに存在するんです。

そして、私が動けば、あなたのなかの私も動きます。私がしゃべれば、あなたのなかの私もしゃべります。ぴったり同じ。あなたのなかは、丸ごと私になります。

これが、「そのものになっている」ということです。これが、どんどん移り変わっていきます。つぎからつぎに現れてくるものに変わっていくんです。

133

「真実」を一度はっきりと見たら、疑念はいっさい起こりません。もし、かすかにでも疑念が出てくるなら、まだちゃんとぜんぶが見えていないということです。

134

人は、つねに「自分の都合」で、ものごとを考えます。いつも「自分にとってどうなのか」を判断の基準にしてあらゆるものを見ます（ここで言う「自分にとって」というのは、「人類全体にとって」「地球にとって」というものも含まれます。ぜんぶ自分の考えの範囲です）。

この判断は、反射的に飛び出してきます。自分でどうこうする間もなく飛び出してきます。

これはよし、あれはだめ、あれは嫌だ、これは嫌だという「判断」が現れても、それ以上のめり込まずに、「ああ、自分はそんなことを考えてるのね」と、そこで終わりになれば、問題はありません。そういう「思考」がただ現れているだけなんですから。

ところが、たいていはそこで終わりません。「どうしてこんなことが起きるんだ！」「なぜ私があんなことを言われなきゃならない！」「なんでうまくいかないのか！」などと、これまた一瞬でわきあがるわけです。

「判断」と、怒りや悲しみといったものがセットになっているんです。一瞬で「判断」が起こり、一瞬で「思考」が走り出して、怒りや悲しみをつくりだしているんです。

人は、じつは、起きたそのことではなくて、「判断」によってわきあがった「思考」に苦しんでいるんです。起きたそのことに問題があるのではないんです。

「事実」はシンプルです。もう一度、言います。できごとに問題があるのではありません。自分のなかにわきあがった「思考」に苦しんでいるんです。

135

「根源」に触れたとき、すべてが満ち足りていることを知ります。それ以上、何も求めるものがないことを知ります。それを本当の意味で知った人が、他人から何かを奪おうとするでしょうか？

「根源」に触れたとき、そこは、「すべてが自分」であることを知ります。それを本当の意味で知った人が、他人を攻撃したり、傷つけたりしようとするでしょうか？

136

「思考」をなくすなどということがよく言われますが、私たちは、そんなことをする前から、ずーっと「静か」なんですよ。

このお勉強は、そこに気づくことなのであって、「心のようなもの」を静めるようなお話ではありません。

137

何かがふと思い浮かぶとき、それはいったいどこからやってきたのでしょう？

探ってみても見つかりません。気がついたときにはもう現れています。完璧にその条件がそろって、それしかない考えが、それしかないタイミングで現れたんです。あらゆることがそのように現れます。

画家が一枚の絵を描くとき、その発想はどこからやってくるのでしょう？ミュージシャンが曲を書くとき、そのメロディはどこからやってくるのでしょう？アーティストと呼ばれるような人たちが特別なのではありません。すべての人がそうなんです。

今、私が書いているこの文章がわきあがってくるのも同じです。そこに私はいっさい関わっていません。あなたの思考も行動も、それしかないことが、それしかないかたちで現れているんです。

138

「水に触れてみましょう」というメッセージに出会ったら、実際にやってほしいんです。

記憶を引っぱり出してきて、頭で「水」というものを想像しても役に立ちません。「思

考」の上で「水」をいくら考えても、それはただの記憶の寄せ集めにすぎません。実際に触れてみると、「事実」は記憶と違います。

今、感じている実際の感覚をよおーく見れば、記憶や思考が「事実」とは、かけ離れていることがわかるはずです。

実際の「感覚」に比べたら、記憶や思考はあまりにも貧弱です。「事実」のほんの一部分しか教えてくれません。ぼんやりとしかよみがえらせてくれません。

でも、「感覚」は、言葉にならない「水」というものを、ほんの一瞬で完璧にとらえ、これ以上ないほどにはっきりと教えてくれます。そんなことを実際に感じ取ってほしいんです。

139

そのように見えた、そのように聞こえた、そのにおいがしたという自覚が現れるより前に、「体」はぜんぶ受け取っています。勝手に受け取っています。

そして、そうあるべきように反応しています。私たちはそこにいっさい介在していません。気がついたときにはもう現れているんですから、介在したくても、介在のしようがないんです。

これが本当にわかると、目の前がすーっと開けてきますよ。

140

「真実」を探すと、迷いのなかに入っていきます。そうではなくて、「事実ではないもの」に振りまわされることをやめればいいだけです。

141

私たちは、たったの一秒先のことも知ることができません。何が起きるかは絶対に知りえないいんです。すべてが決まっているのに、です。

あなたの知りえないところで、あらゆることが着々と準備され、現れるべきときに、現れるべきことが現れます。

でも、それが私たちには、突然現れるように感じられます。「ありえない！」とか「なんでこんなことが⁉」などと思ったりします。けれども、「事実」では、それしかありえないことが淡々と起きているだけです。

142

ベッドで横になっているとき、あなたの世界に床はありません。起きあがって、床が目に入ったとき、または、床に足がついたときにはじめて床が現れます。

目が覚める前、目覚まし時計は、存在すらしていませんでした。音が鳴り響いたとき、あなたの耳に目覚まし時計が現れました。

そして、目で見て、目覚まし時計があなたのなかに現れました。つぎに、音を止めるためにボタンを押したとき、手の感触をとおして、目覚まし時計があなたのなかに現れました。

すべて、あなたの「感覚」です。あなたの「感覚」がとらえてはじめて、そのものは現れます。

はじめて入った部屋で、目をつぶって歩くところを想像してみてください。手を前に突き出し、そろっ、そろっと歩きます。足が何かに当たりました。椅子のようです。

そのときはじめて、あなたの世界に椅子が現れたんです。それ以前に椅子は存在していませんでした。存在のしようがなかったんです。

外で、屋根の上をすずめが飛んでも、さえずりが聞こえないかぎり、あなたのなかにすずめの存在は現れません。あなたの世界は、あなたの「感覚だけ」で成り立っています。そして、それだけが唯一の世界です。かぎりのないただひとつの世界なんです。

143

「事実」に戻ることです。それは、「体の感覚」に戻るということです。「体の感覚」にはいっさいの迷いがありません。嘘がありません。

冷たいものに触れて、「はて、これは冷たいのか、あたたかいのか？」などと迷うことはありません。完璧にとらえます。それしかないものを、それしかないように受け取っています。

これが私たちの生きている本来のようすです。私たちは本当にスッキリした生き方をしています。

「体の感覚」となかよくなっていくことが、悩みのない生き方につながっているということに気づいてほしいんです。

144

世のなかいろいろあるように見えますが、結局、「事実」がちゃんと見えるかどうか、それだけです。

「事実」が見えたら、誰でもわかります。「ふーん、そういうことなのね」と。それは、驚くほどシンプルです。

145

「気に入らない状況を、どうすればいい方向に変えられるだろうか」という思いが、いつも私たちのなかにあります。生まれたときからずっと消えることなくあります。

自分がいいと思える方向に変えるために、私たちは、朝起きてから眠りにつくまで、考えつくかぎり、いろいろなことに挑戦します。ありとあらゆる行動を起こします。多少の苦労など厭《いと》いません。気に入らない「今」を変えられるならば！

ところが、それがたいていの場合うまくいかないものですから、不幸を感じるわけです。他人と比較して、「こんな人生なんて！」と腹を立てたりするわけです。まあ、仕方のないことです。

でも、ちょっと待ってください。もし、こういった「考え」がぜんぶなかったとしたら、あなたは、どうなると思いますか？

それを一度、体験してみましょうよ、と言っているのがこのお勉強なんです。

146

見える、聞こえる、におう、味がする、感じるという五感の反応は、「根源」からの現れであり、言い方を変えると、「命」の現れです。「命」がかたちを変えて、そのように現れています。
人生の意味がどうしたこうしたなどという小さなことではない、これが生きているということです。だから素晴らしいんです。

147

失敗と思われるようなことをしでかしたとき、人はいろいろなものをもち出してきて、それを責めます。自分、相手、身近な人、社会、境遇、過去、生い立ち、そのほかいろいろ。

けれども、それはただそのように起きたことです。どこをどう切り取っても、誰かとか何かを責めるようなものはいっさい存在しません。すべてが起きるべくして起きたことです。

私も「まかせてしまえ」と口にすることがありますが、実際には、まかせるも何も、まかせるよりほかにありません。人が介在することのできない現れが、終わることなく延々とつづいているんです。私たちは、ずーっとそのなかで生きてきています。

私たちは、自分で何かを選択して生きてきたのではありません。今もそうです。このあともずっとそうなんですよ。それを感じてほしいんです。

148

多くの人は、「目的」を設定して、そこに向かって行動を起こしますが、「事実」が見えてくると、「目的」は消え、〝行動だけ〟になります。そこには、その行動をする〝誰か〟はいません。行為者はどこにもいません。

149

「思考」が現れていることを、悪いことだと決めつけないでください。その決めつけが、あなたを縛っているということに気づいてください。

現れていること自体は、悪いことではありません。現れていることを知るだけでいいんです。

150

楽になりたい、気づきを得たいという思いから、本を一生懸命読んだり、まじめに実践に取り組んだりして、がんばっては疲れ、苦しくなって、またがんばる。それをくり返す。多くのみなさんが経験されていることだと思います。

「何十年も探求のようなものをやってきて、もう、いいかげん疲れてしまいました」という声をお聞きすることもあります。

でも、だいじょうぶです。そのぐらいの感覚になったときに、いい意味でのあきらめがやってきたりするんです。がんばったり、疲れて嫌になったりというのは、気づきのようなものの「引き金」になることがよくあります。

「あーあ、なんだかさっぱりうまくいかないし、疲れちゃったから、お勉強は少しお休みしよーっと」などと思ったすぐあとに、ポロッと気づきらしきものが現れることがあります。

じつはここに、実践の〝隠れた意味〟があるんです。これは、やった人だけがわかることです。

あなたも、がんばったり、休んだり、いろいろやってみてください。手あたり次第やってみてください。

『バタ足』のお勉強は、うまくやろうなどと思わなくていいんです。そして、それを楽しんでください。つぎつぎに現われてくるいろいろなことを楽しんでください。「あぁ、ぜんぜんうまくいかなーい！」という思考も楽しんでください。

151

「すべてがひとつで、他人がいないというなら、今、目の前にいる人とどう関わればいいのでしょうか？」というふうに「考えて」しまう人がいます。

「すべてがひとつである」ということを実感として得られていないなかで、「すべてがひとつである」ということを前提に、何かをしようとするというのはまったく違います。

それは、「すべてがひとつである」ということを、「考え」の上でどうにかしようとしていることです。そういうことではないんです。そっちに行ってしまっては確実に迷います。

このお勉強は、話を聞いて、そういうふうにあろうとするようなことではありません。想像して、そのようになろうとするようなことではありません。

今、あなたが感じているままでいいんです。「事実」は、今この瞬間〝考えなしに〟現れていることだけしかないんです。

「これ以外に何かあるのではないだろうか？」というふうに「考える」から、おかしなことになっていくんです。

「すべてがひとつである」ということがわかったときに、そうあるべきように現れます。「考え」や「想像」から離れてください。必要のないことです。

152

人は、悩み、迷い、そして、さまざまな問題に対処しながら、人生と言われる森のなかをさまよい歩いています。

そんななかで、あなたは何かしらのいきさつで、ノンデュアリティというものに興味をもち、これしかないタイミングで、今、こうしてこのメッセージに触れています。それが、今、起きています。あなたの手の届かないところで、着々と準備がおこなわれ、それしかありえない「事実」が、それしかありえないタイミングで、それしかないかたちで現れています。

そして、ここが大事なポイントなのですが、それしかありえない「事実」にちゃんと向き合っていくと、生き方がとても軽くなってくるということです。

その理由は、あなたを重い気分にさせている、あなたが「現実」だと思っているあらゆる現れが、じつは、夢のようなものであり、「事実」とはかけ離れたものだということがわかってくるからです。

153

新しい知識を得ると、「あ、そうか！」ということをたくさん経験しますよね。けれども、この「あ、そうか！」の積み重ねによって、気づきのようなものが現れたり、何か大きな変化が現れたりするのではありません。

「あ、そうか！」は、その段階では、「思考」の上で起きていることで、それはすぐに消えていきます。

ですから、これは消えていくものであり、重要視するものではないということを知っておいてほしいんです。

それがわかっていれば、消えていっても、残念に思うこともありません。消えて当然のものなのですから、それはそれで「よし」なんです。「思考」の上で起きた「あ、そうか！」に意味がないとは言いません。お勉強をすすめていく上での楽しみになりますし、つづけていくひとつのモチベーションにもなりますよね。

けれども、このお勉強においては、「おまけ」なんです。本当の意味での「あ、そうか！」は、「知識」からくるものではありません。そのこととは何の関係性もない「五感」の刺激によって、突然、ポロッと現れるものなんです。

154

「真実」を探してもなかなか見つからないのは、それがあまりにも当たり前すぎて見過ごしてしまうからです。

「真実はどこだ、真実はどこだ」と探しまわることよりも、あなたにとって当たり前のことを見つめなおすことの方が圧倒的に近道です。

モノが見えていること、音が聞こえていること、熱が出たら具合が悪くなること、そんなところに「真実」があるんです。
あなたが当たり前と思っているものには、どんなものがありますか？　きりがないほどにあるはずですよ。

155

すべてが「根源」の活動です。「あなたの都合」で動いているのではありません。
これが本当にわかると、問題らしきものは、あなたの前から姿を消します。

156

コップを手でつかめば、手がちゃんとコップのかたちになるはずです。赤ちゃんでもないかぎり、水を飲むのを失敗することもまずないはずです。

飲んでからコップをテーブルに置いたら、その瞬間に、コツンと音がするでしょう。

「少しあとになってから聞こえた」とか、「テーブルに置く前に聞こえた」などということはないはずです。すべてがいっさい迷うことなく完璧に現れています。

くだらない？

とんでもありません。このくだらないことなしに、あなたは生きていけないんですよ。

157

これまでにあなたは、さまざまな人や本などから、たくさんのメッセージを受け取ってきたはずです。

そんななかで、ある日、私のメッセージに触れたときに、突然、あなたの何かが、ゴロンとひっくり返ったとしましょう。それは、私の発したメッセージが何か特別な力をもっていたのでしょうか？　また、私に何か特別な力でもあるのでしょうか？

まさか、違います。

世界中の誰にも、どれほどの覚者にも、そのような力をもつ者は存在しません。

そのときに、あなたにそれが起きたのは、そのタイミングでそれが起きるようになっていたからです。

あなたがこれまでに受け取ってきたすべてのメッセージがあって、そのときに、そのように現れるべくして現れたんです。

すべてのメッセージが関係しています。どのメッセージが正しくて、どれがまちがっているなどということはありません。

もっと言うと、メッセージがどうこういうレベルのお話ではありません。あなたが体をもって生まれてから触れたすべてのことが関係して、それが起きたんです。すべてがそれしかありえない現れです。

今、あなたがこの本をその状況で読んでいるのも、すべてのことがあって、それしかないかたちで、今、現れているんです。

158

工事現場の騒音を聞いたら、そのままの騒音がそこにあるはずです。これを実感するために、最初は、注意を向けたり、観察したりする必要があります。けれどもそれは最初だけです。

そのうちに、「感じようとする前に、音はすでにあった」ということがわかってきます。すべてが自動で起きていることがわかります。

私たちはいつもそのように活動しています。これがわかってくると、こっちからわざわざ出向いていって、注意を向けたり、観察したりといったことは必要なくなります。ただそのようすにいるだけになります。

これが、「根源」とひとつになっているということです。音とひとつになっているということです。現れたそのものになっている、という言い方もできます。

159

お勉強がすすんでくると、以前はうまくいかないと感じていた現実に対する不満が薄れてきて、さまざまなことに満足感を感じるようになります。これがもっとすすんでくると、より小さなことに喜びが感じられるようになります。

この喜びはどこから来るのでしょう？　何かを得たり、何かがかなったりした「対象」から来るのでしょうか？　違いますよね。「根源」からですね。「五感」がそれを教えてくれるんです。だから、体の芯からあったまるような感じがするんです。

160

日々の生活、家族、人間関係、仕事、夢、人との出会いと別れ、問題、悩み。人生と呼ばれるものは、素晴らしくよくできた「ゲーム」です。一瞬の夢のようなものとも言えます。

けれども、これを他人からいくら聞かされてもわかりません。「こんなに苦労しているのに、ゲームとはなんだ！」「一瞬の夢とはなんだ！」と怒ることになるだけです。

いいかげんに過ごしていればいいと言っているのではありません。ゲームなんだから思い切ってやってみるということだってできるわけです。ゲームだって真剣にやった方が楽しいんです。ただ、「真剣」と「深刻」はまったく違います。

このゲームを楽しめるようになるには、「なるほど、ほんとによくできたゲームだわ」と、自分の内側からわきあがってくる感覚が必要です。

そのためのヒントは、いつもあなたの目の前にゴロゴロ転がっているんですよ。「事実」という〝石ころ〟です。

161

「よけいな思考が出てきてどうにも静かでいられない」という声をよくお聞きします。はて、「よけいな思考」というのは誰が決めたのでしょうか？

ポコッと現れた、ひとつの「思考」です。それ自体には、「よけい」も「よけいじゃない」もありません。「大事」も「大事じゃない」もありません。ただ現れるべき思考が現れているだけです。

「これはよけいなものである」という考え自体が「よけい」なんです。「よけい」という言葉のなかには、「あってはならないもの」という意味がありますね。これが問題を起こしているんです。「あればあったまま、なければないまま」になれば問題は現れません。

162

いわゆる「悟る」ということが、どういうことかといいますと、心が乱れないとか、いつも自分がいないとか、何かの境地にいるとか、そういうことではありません。まして や、何でもわかっているなどということではありません。目の前に現れてくるあらゆるものごとが、「迷いなく、そのとおりに収まりがつく」ということです。そのとき、そのときで終わっているということです。言ってしまえば、それだけなんです。

163

想像してみてください。あなたの趣味はテニス。週に一度、お友だちといっしょにテニスクラブで汗を流します。いつものようにプレーを楽しんでいると、見かけない女性が近づいてきました。そして、突然、あなたに向かって、「バックスイングの角度が悪いわね」と言いました。そして、「だから、こういうミスがあるでしょ？　こんなことがあるでしょ？」と言いました。

当たっていました。たしかにそうでした。あなたは、「ふんっ、関係ないわ」と思いつつも、その日からバックスイングがやたらと気になるようになってしまいました。ミスが出るたびに、「バックスイングのせいね」などと考えるようになってしまいました。見知らぬあの女性からそんなことを言われるまでは考えもしなかった「バックスイングが悪い」という「考え」が、あなたのなかに居座ってしまったのです。

さて、あなたはこれが何のことかわかりますか？

じつは、これが、多くのみなさんが取り扱いに困っている「自我」などと言われるもののことです。もともとは、あなたのなかになかったものなのに、あるとき、読んだ本などでそれを知って、それが存在すると思い込むようになったんです。それまでは、何不自由なく過ごしてきたはずです。

「自我」などというものは、むずかしげな本のなかだけにあるものです。「事実」のなかにはないものです。あなたは本のなかで生きているのではないんですよ。

「自我」などというものを知る前、あなたは、それについて考えることなどなかったはずです。知ったことで何かが解決するならいいのですが、「自我」などというものを知ったからといって何かが解決したでしょうか？　していないと思います。反対に、ややこしくなっただけでしょう。

164

世界が自分の「外側」にあるという錯覚があるかぎり、世界は「自分の都合」というフィルターのかかった〝欠陥だらけ〟のものとして映ります。

すべてが自分のなかに現れるということを本当に実感できたとき、不足するものがいっさいない「事実」が姿を現すんです。

165

自分の感情がゆれ動くようすを、多くのみなさんが、自分がジェットコースターにでも乗っているように感じています。
けれども、本来の私たちは、客車に乗っているのではなくて、ジェットコースターのコース全体をまるごと包み込んでいる空間です。客車がどれだけすごい勢いで走っていても、あなたはまったく動きません。あなたに何の影響もないんです。

166

「体」の感覚に目を向けるくせをつけてください。椅子に座っているお尻の感覚に、いつでも戻ってこれるくせをつけてください。ちょっとした「くせ」になってしまえば、お勉強は自然にすすんでいきます。

そのうちに、たとえば、すわっているお尻の感覚以外、何も起きていないことを実感する瞬間に出会うでしょう。

167

何をどうやったって、私たちは「今」にしかいられません。過去を思おうと、未来に考えが飛んでいようと、それも「今」現れていることです。

私たちは、生まれてからずっと「今」にいます。一瞬たりとも途切れることのない「今」がずーっとつづいています。死ぬまで「今」です。

それは、「体」を見れば、一目瞭然です。「体」は、一〇〇パーセントそのように活動しています。今の「事実」にだけ触れて、「根源」とひとつになって活動しています。「頭」だけが勘違いをしているんです。

「体」は、いつも「今」にいて、問題を起こさずにいます。見えたもの、聞こえたもの、感じたものをそのまんまに受け取っています。「これはダメだ、問題だ！」などと言ったりはしません。

「今」起きていることをただそのまんまにとらえています。「事実」はふたつないことを、よぉーく知っています。今この瞬間しかないことを、よぉーく知っています。ですから、どこか別の場所に行こうともしません。

これが、私たち本来の〝思考から離れた活動〟です。「体」は、目の前で起きているたったひとつのことだけを味わっています。ふたつではない、たったひとつの「事実」を感じてください。

168

私たちの体は、「ああなってほしい、こうなってほしい」ということなしに、「根源」

そのものとしてそのままに活動しています。

体の活動を見ることがそのまま「根源」に触れることなんです。思考の混ざっていない体の活動を感じてください。ずーっと当たり前だと思ってきた「五感」を、一度、ちゃんと感じてください。

モノが見えているということだけを取りあげても、驚くべきことが毎瞬おこなわれていることを知ってください。

169

「何も起きていない」というメッセージは、今、つらい状況にある人にとっては、反発したくなるようなメッセージでしょう。

反発が起きたなら、それが現れただけです。それがいいとか、悪いとかのお話ではありません。それがただ現れただけのことです。

反発という「思考」が現れているだけで、本来、何の問題もないはずです。それを問題視して、取りあげているのもまた「思考」です。それに振りまわされていることに気づいてください。どこまでいっても「思考」です。

170

悩んでいるときというのは、まちがいなく、そのことを「考えている」ときです。「考えていない」ときに悩むことはできません。

今、あなたの頭に「でも……」という言葉がわいていることでしょう。「考えていないときもそれはなくなっていない」と。

そこが思い違いです。「事実」だけを見てください。

171

座り心地を変える動作ひとつでさえ、あなたは選択していません。メガネの曇りを拭こうと、メガネ拭きに手を伸ばすのも、あなたの意思ではありません。

外を走る車のスピードも、あなたが決めているのではありません。日没の時間もあなたは変えられません。あした雨が降るのをあなたは止められません。

よおーく見てください。すべてはあなたがいっさい介在することなく現れています。

「事実」はあなたの都合とは関係なく現れているんですよ。

172

あればあったでいい、なければなくてもいい、これが「楽」のもとです。

そして、それさえも思い浮かばないこと、それが「自由」です。

反対に、今あるものがなくなったら困る、今ないものが欲しくてたまらん、これが「苦しみ」です。

そうかといって、これをなくそうとしたり、どうこうしようとしたりするのは違います。どうこうしろというのではありません。「事実」はそうなんだということを、まずは知っていただきたいんです。

173

あらやだ！　わたし、また深刻になってたわ。

174

生まれてからずっと

「当たり前」のようにそこにあった「当たり前」のことが、「当たり前じゃなかった」と気づいたとき、涙が込みあげてくることがあります。「当たり前」のことが、言葉にならないほど素晴らしいことだったと知ったからです。

ほとんどの人が、毎日、なんの努力もせずに呼吸をしています。これって、本当は信じられないほどにすごいことなんですよ。吸った空気が肺に入って、肺がどんな働きをして、体中に酸素を行きわたらせ、二酸化炭素を体外に排出しているのかをご存知でしょうか？　ものすごいしくみなんです。呼吸ひとつ取りあげても、毎瞬毎瞬、奇跡のような活動がおこなわれているんです。

ほとんどの人が、当たり前に歩いています。当たり前にごはんを食べています。当たり前にくしゃみをします。当たり前にあくびをします。でも、これ、本当にすごいことなんです。ぜんぜん当たり前のことなどではないんです。

ただモノが見えていること、音が聞こえていること、においを感じること、モノを食べたり飲んだりしたら味がすること、何かに触ったら、その感触がちゃんと現れること、どれをとっても当たり前のことなど、ただのひとつもありません。驚くべきことなんです。私たちはいつも奇跡に触れているんです。

175

ダンプカーが、あなたの横を走っていきました。排気ガスのにおいがしてきました。あなたがいくら別のにおいがいいと思っても、排気ガスのにおいです。まちがうことなくそのように現れています。

「別のにおいがいい」という「思考」の方に注意が向くと問題が起こります。「まちがうことなくそのように現れている」ということの方に目が向けば、問題は起きません。

176

欲求や執着のないことが幸福なのだという話を聞いて、ならば、欲求や執着をそぎ落としていけばいいのかと考えるのは違います。

削ぎ落していくのではありません。「事実」を見ていくと、自然と薄まっていきますよ、というお話です。

「目先」では、毎瞬毎瞬いろいろなことが起こります。笑えることとか、心配なこととか、つらいこととか、おもしろいこととか、「ああ、嫌だ」とか、「やったー!」とか、いろいろ起こるわけです。

今だって、私の場合でいえば、パソコンの前でいろいろ起きているわけです。指が勝手に動いて、キーボードがパチパチと音を立てていて、画面に文字が現れてきたり、外からバイクの音がかすかに聞こえたり。そういう瞬間がただ延々とつづいています。すべてが「目先」で起きています。

「自分の都合」を満たす類《たぐい》の欲求とか執着みたいなものも同じです。「目先」で起きていることです。目の前をさーっととおりすぎていくものです。

そして、さらに重要なことは、これらのことはすべて、自分に向かって起きているのではなく、自分にまとわりつこうとして起きているのでもないということです。

削ぎ落とすとか、そんなたいそうなことではありません。

「目先」に何が現れるかを楽しめばいいんです。それがただ起きるように起きているようすを楽しめばいいんです。

わざわざ取りあげて問題にするようなことではありません。

177

「思考」に振りまわされるというのは、見たこともない通りすがりの人の言うことに耳を傾けて、「じゃあ、私はどうしたらいいですか?」と尋ねているようなものです。

やめた方がいいに決まっています。

178

モノがあなたとは別に存在していて、眠っていても、あなたがそこにいなくても、モノはいつもそこにあると「考える」ことが、「事実」をややこしいものにしているんです。モノはぜんぶ「あなたの活動」です。

ついでに言っておきますと、人も同じです。ぜんぶ「あなたの活動」です。

さらについでに言っておきますと、あなた自身も「あなたの活動」によって、あなたのなかに現れているんですよ。

179

今、何が見えていますか？　それがどんなものであろうと、あなたが見たことがない何かであっても、「見えている」ということはわかっていますよね？

今、何が聞こえていますか？　聞いたことのない外国語だったとしても、「聞こえている」ということはわかっていますよね？

誰かから腹の立つようなことを言われて、怒りの収め方がわからないと言っても、「腹の立つようなことを言われた」ということはわかっているわけですよね？　腹が立ったこともわかっているわけですよね？

悩みがあって、もうどうしたらいいのかわからないなどと言いますけど、「どうしたらいいかわからないと思っていること」は、わかっているわけですよね？

今、座っているなら、座っているお尻の感覚があることがわかっていますよね？

あなたのなかに映し出されたあらゆることを、あなたはちゃんとわかっています。

あなたがちゃんとわかっているこれらのようすこそが、私たちが生きているそのままのようすなんです。

ひとつしかありえない、本当にスッキリしたようすです。これがストンと腹落ちしたら、不安や恐怖や後悔といったものは現れようがありません。

180

一見、何が起きているように見えようと、私たちの「根っこ」はいつも「静寂」にあって、何も起きていません。

それを知ることができれば、「安心」が消えることはありません。それを感じたまま、起きているように見えることを純粋に楽しむことができるんです。

181

お勉強をしていくなかで、何も変わらないように感じても、心配しないで、自分のペースですすんでください。

私がよくみなさんに言うのが、〝亀の歩みのように〟のんびりとお勉強をすすめてくださいということです。休み休みでいいんです。

でも、歩むこと自体はけっしてやめない、これが大事なことです。

「髪の毛が伸びるような速度」という表現もできます。髪が伸びるのをとらえること

はできませんけれども確実に伸びていきます。そして、あるとき、「あれ、いつのまにか伸びたなあ」と気づくんです。このお勉強はまさにそんな感じだと思っていてください。

そのときに、以前は、反発があって受け取れなかったメッセージが、いつのまにか自然に受け取っていた、というようなことが起きるんです。ゆっくりゆっくりすすんでいきましょう。

182

その瞬間その瞬間に現れてくる「事実」は、とどまることなく、移り変わっていきます。

この「事実」となかよくなっていくことで、あなたは少しずつ本来の自分のようすを思い出していきます。

あなたが知らないものを新しく発見するのではありません。あなたが知っているはずの本来のようすを〝思い出す〟だけです。

183

「無条件で受け取る」とは、受け取ったものがそのままであるように、そのための場所をあけることです。

むずかしく考える必要はありません。「自分の考え」や「自分の都合」をもち出してこなければいいだけの話です。

嫌な感情がわきあがったら、嫌な感情のまま。雨が降ったら、雨が降ったまま。何もいじらない。

「体」はいつもそうしています。現れたものごとを、欠けることなくすべてそのままに受け取って、そのままに反応します。

たとえば、「体」は、寒さを受け取って、それが嫌だといって受け取らないということはありません。ちゃんと寒さをあなたのなかに映し出します。

「体」は、休日に子どもとサッカーをして、筋肉の疲れが嫌だといって受け取らないということはありません。疲れの度合いに応じて、ちゃんと筋肉痛を起こします。

「体」は、お酒を飲みすぎたら、飲みすぎたように反応します。飲みすぎたのが嫌だといって、受け取らないということはありません。ちゃんと受け取ります。

このように、いつも「体」は、現れたものごとに条件をつけずに受け取っています。「思考と切り離れた活動」がここにあります。「自分なき活動」とも言えます。私たちは、じつは、いつもこのように活動しています。それを感じてほしいんです。

184

「今」ここに現れている以外のものが、どうやっても現れようのないことが本当にわかったら、それまでに抱えていたさまざまな悩みや問題は、消えてなくなります。

そのとき、あなたは、大きな荷物を下ろしたときのような解放感をおぼえるでしょう。そして、それが笑ってしまうほど単純なことだったと知るでしょう。

185

日常のなかで、「見えている」「聞こえている」「感じている」といったことに気づくというのが大事なことです。おふろに入っているときにお湯に触れている感覚に気づく、外を歩いていて風に気づく、何でもかまいません。

私たちは、そういった感覚とぴったり一致して、そのとおりに活動しています。もっと言ってしまうと、その活動だけしかないんです。

じつは、「注意を向ける」「感じる」ということ自体、「事実」とはズレていて、すでに起きたことをあとから「思考」の上で扱っていることになるのですが、まずはここからはじめていく必要があります。

最初のうちは、練習のようになりますが、気づいたときには、それが自然なことなのだということがわかるでしょう。自分がそのように生きているのだと知るでしょう。そのとき、「注意を向ける」「感じる」ということ自体が消えていることに、あなたは気づくでしょう。

186

電車やバスに乗ってどこかに出かけるとき、あなたは、自分が別の場所に移動すると思っていますよね。それがふつうです。
でも、「事実」は違います。あなたのなかに映し出される「映像」や「音」や「感触」が、つぎつぎに変わっていくのを味わっているんです。「移動している」という「感覚」が現れているのを味わっているんです。私たちは、ただそれを楽しんでいるんです。

187

どうするべきか、どうあるべきかと、「考え」の上で答えを出そうとするのは、このお勉強ではありません。

「事実」が見えてくると、自分がどうあればいいのか、どうあってはいけないのか、何をすればいいのか、何をしてはいけないのか、という「考え」が現れなくなってきます。

どうあるも、こうあるも、今、現れているようすがあるだけです。それがすべてです。それを知るのがこのお勉強です。

188

何億年も前から途切れることなくつづいている、人のおよばない「完璧な自動連鎖」によって、現れるべきものが、現れるべきときに、現れるべきかたちで現れています。それが「根源」の活動です。

言葉だけを聞くと、つまらないものに思えます。でも、「事実」となかよくなって、それをじかに感じたときにわかります。そのやさしさ、あたたかさに涙が出ますよ。

189

たくさんの学びを重ねてきた人は、求めているものが複雑で、むずかしくて、高尚なものであることを望みます。

ですから、おせんべいを食べたときの「カリッ」という音と食感が、あなたが求めているそのものズバリなんですよ、などという言葉は、到底受け入れられないわけです。

190

「思考」からちょっとだけ離れて、「体（＝五感）」の方に目を向けても、強い怒りなどを感じているときには、胸がむかむかしていることに気づいたりして、逆に、怒りを強く感じてしまうというような声をよくお聞きします。

まず、言えることは、胸のむかむかは、「五感」ではありません。「思考」がつくりだしたものです。モヤモヤ感なども同じです。「思考」に目が向いたままだということです。「五感」は、もっとはっきりした純粋な「体の感覚」です。

それと、「怒りを強く感じてしまう」というのは、「怒りを強く感じてしまう」という「思考」をつかまえているだけです。要するに、「思考」から一歩も離れていないんです。そこに気づいてください。

191

起きることはすべて自動ということが、なんとなくわかってきている人でも、それに対して現れる「思考」や「感情」も自動だということが、忘れられています。「全自動」というのは、言葉のとおり、すべてが自動です。自動でない部分はないということです。

192

かすかに感じた風そのものの感覚が「事実」です。水に触れて、触れたままの「名前のない感覚」が「事実」です。公園にある木の肌に触れた瞬間の「言葉にできない感覚」が「事実」です。

「五感」に現れたそのものだけが「事実」です。そのあとにわき出てくる思考の中身は「事実ではないもの」です。

このお勉強では、「事実」をくっきりと浮き彫りにするために、いったん「事実」と「事実でないもの」をわけます。

それによって、「事実」がどんなふうに見えるようになるのか、「事実でないものが」どんなふうに見えるようになるのか、それを、他人の言葉から想像したり、推察したりするのではなくて、自分の体でたしかめるのがこのお勉強です。

193

本当は誰もが、いつも「根源」に触れています。けれども、それを実感することができません。

「思考」と遊んでいる時間の千分の一でもいいですから、「体の感覚」にとどまるようにしてみてください。「体の感覚＝五感」にとどまっているときが、「根源」に触れていることを感じるチャンスです。

過去にも未来にも行けない場所。「個の私」のいない場所。私たちが一度もそこから離れたことのない場所。

ただ歩いているなかに、仕事をしているなかに、お皿を洗っているなかに、それはあります。

194

このお勉強は「理屈」ではありません。 理屈で説明できないことを、理屈でわかろうとしても、それは、はなから無茶な話です。

でも、なかには必要な理屈もあります。それは、「理屈は必要ないという理屈」です。それと、理屈では説明できないものに触れるための「具体的な方法としての理屈」です。それはけっして複雑なものや、難解なものではないはずです。笑えてしまうほどに単純なもののはずです。

195

勘違いされていることなんですが、不満がないというのは、「不満がない」と感じることではありません。不満があるとかないといったことが、どこにも現れないことです。

ですから、不満がないというそれ自体を探すものではありません。不満が現れていなかったときが「不満がない」ということなんです。

ならば、不満がないということを私たちは、あとになってからでないと感じることができないのでしょうか？

いいえ、そうではありません。このお勉強をしていくなかで、「根源」に戻ったとき、「根源」を感じたときに、私たちはそれを味わうことができるんです。

196

痛みや体調不良というものは、どうしても気持ちが引きずられます。せっかく少しすすんだと思ったお勉強も、ぜんぶどこかに吹き飛んでしまったりします。

それでまた「思考」のなかに迷い込んでしまうわけです。「思考」は、痛みや不快感を実物以上にふくらませます。

「思考」によってふくらんだ部分に惑わされずに、純粋な痛みや不快感を見定める必要があります。

そのためには、痛みそのものに焦点を当てるということが必要になってくるんです。

ですが、痛みがあるときに、感覚にフォーカスすると、よけいに痛みを強く感じてしまうと多くの人が言います。

本当にそうなのか、よおーく見てほしいんです。よけいに痛みを強く感じるというのも「思考」です。

「体」は、痛みはとらえていても、嫌だとかつらいという「思考」はとらえていないはずです。先の不安や心配といったものを取りあげたりしていないはずです。

痛みがあるなかで、「痛み」そのものに注意を向けるというのは、最初は簡単ではありません。でも、あきらめずにやってみてください。純粋な痛みそのものが、必ず見えてきます。

それは、多くのみなさんがこれまでに経験されてきた痛みの実感とは、明らかに違うもののはずです。痛くないということではありません。痛みはあります。でも、違うんです。

やや高度なことで、最初はピンと来ないかもしれませんが、痛みがゆるいときに、ぜひやってみていただきたいことがあります。

それは、痛みの中心にねらいを定めて、そこに向かっていく実践です。痛みのド真ん中にダイブするようなイメージです。

これは、「事実」と向き合い、「事実」そのものになるということを意味しています。「事実」だけになるという言い方もできます。それをじかに感じようという試みです。

よく「体と同一化する」ことが問題のように言われますが、勘違いの起こりやすい点です。感覚にフォーカスするのは、「体と同一化する」こととはまったく違います。これは、「事実」のなかに飛び込んでいくことなんです。

「事実」とひとつになることが、人が幸福になることであり、「事実」から離れることが苦しみを生んでいるということを忘れないでください。

痛みにフォーカスすると、よけいに痛みを感じてしまうというのは、「痛み」と「痛みを感じている自分」というふたつのものがあるからです。痛みのド真ん中にダイブするというのは、「痛みとひとつになる」ことです。

これは、瞑想でもあります。

心の静けさを探したり、呼吸を見つめたり、何か特定のイメージを見つめたりといった「弱いもの」では、ふつうの人はそこになかなか集中できません。

瞑想は苦手という人がとても多いのですが、「痛み」というターゲットは、あやふやなものではなく、はっきりとした「強いもの」ですので、自然と集中が起きるんです。言ってみれば、「痛み」は、瞑想の最高の題材でもあります。ですから、私はよくみなさんに、「坐禅のように足を組んだときに出てくる足首や膝の痛みなどは、瞑想の最高の材料ですよ」とお伝えしています。

もちろん、最初から強い痛みを相手にしたのでは、歯が立ちません。だからこそ、軽い痛みで練習をして感覚をつかんでおいてほしいんです。

この「痛みのド真ん中にダイブする練習」は、座っておこなう必要はありません。いつでもどこでもできるものです。ぜひトライしてみてください。

197

想像の世界、心の世界に入っていけばいくほど、迷いのなかに入っていきます。

一方、「事実」に向き合うことは、やればやっただけ、ものごとがはっきりしてきます。

198

ノンデュアリティの本には、やたらとむずかしい言葉や、つかみどころのない言葉が並んでいる本がたくさんありますね。

みなさんは、それを頭で理解しようとしてしまいます。それ自体がいいとか悪いとかではなく、『バタ足』のお勉強のときには、すべてきっぱりと切り離してください。

素晴らしい本もたくさんありますし、本を読むのが楽しいという方もたくさんいます。そういう方におすすめしたい、こういったむずかしい本の楽しみ方があります。それは、こんな使い方です。

『バタ足』のお勉強をすすめていくなかで「事実」が見えてきて、まだ、はっきりはしないながらも、なんとなく〝実感らしきもの〟が感じられるようになってくると、これらの本に書かれていることが、以前とは違って、「ああ、この感覚のことを言っていたのか」とか、ときには、「なんだ、簡単なことをずいぶんむずかしく言ってるなあ」といったことが必ず出てきます。

これは、「理解」という「言葉の解釈」ではなく、『バタ足』のお勉強で得た「実感」が、「言葉」と合致したということです。「実感」が「言葉」を追い越したと言ってもいいでしょう。これが、反対に「言葉」ばかりが先に走っていると、うまくいきません。「自分が感じた感覚にまちがいはない」という、お勉強のすすみぐあいの確認にもなるわけです。

たまに本棚からひっぱり出してきて、ページをめくってみるのも楽しい時間になるでしょう。むずかしい本には、そんな使い方もあるので、少しお勉強がすすんだかな、と思うときに試してみてください。

199

空を見あげてみます。そうすると、あなたのなかには空が映ります。あなたのなかに、はるか上空の空がそのまんまに映ります。見えたまんま、何ひとつ欠けることなくそのとおりに映ります。

そして、そのとき、そこには映ったものだけがあり、「あなた」という存在はどこにも現れていないはずです。

200

ある日、財布を落としてしまったとしましょう。このとき「頭」は、この「事実」に抵抗します。たとえば、「あのときあんなことをしなければ」というふうに。

これは、自分の行動を自分が決めているという思い違いが引き起こしています。そうではありません。あなたが何かを決めることはしていません。あなたは行為をしていないんです。

すべてがあるべきように現れています。もし財布を落とさないようになっていたのなら、落とさないようなことが起きていたはずです。

そのできごとは、その直前のできごとがきっかけになって現れます。その直前のできごともまた、その直前のできごとがきっかけになって現れます。この連鎖は、あなたが生まれるずーっと前まで、かぎりなくつながっています。何億年も前に、あの日、あなたが財布を落とすことが決まっていたんです。

「そんなバカな」と思っている方も多いでしょう。でも、この「事実」がはっきり見えたら、もう笑うしかありませんよ。

201

「体」は、「思考」がどうこうではなく、直接、「根源」とつながって活動しています。

「思考」が特定の「行動」を引き起こしたと考えるのは違います。逆です。

「根源」そのものの活動である「行動」が先に決まっていて、そこに向かうような「思考」が現れているだけです。

202

世のなかで起きているさまざまな問題を、あなたは二十四時間ずっと考えているわけではありませんよね？

考えていないとき、問題はあなたのなかにありません。問題は存在できません。思い出したときにだけ、問題となってあなたのなかに浮かびあがります。ぜんぶあなたが考えたときにだけ起きていることです。

自分とは別に問題というものがあって、自分の「外側」で起きているように思い込んでいるだけです。実際は、あなたのなかでしか起きていません。あなたの「外側」というものは存在しません。

すべての問題はあなたのなかだけで起きているんです。

「でも、私が思い浮かべていないときも、その問題はなくなっていませんよ。継続してそこにあります」とか、「でも、大勢の人が問題だととらえています。毎日、テレビでも騒がれています」とみなさんは言います。そのように考えます。

けれども、継続していると、なぜわかるのでしょうか？　大勢の人が言っていると、なぜわかるのでしょうか？

あなたがテレビで見たからですね。あなたがニュースを見たからですね。あなたがほかの誰かに聞いたからですね。

あなたのなかにそれが現れて問題になったんです。すべてあなたのなかで起きているんです。あなたのなかに現れていないときは、その問題は起こりようがないんです。

203

どれだけ「思考」のなかを飛びまわって、「真実」を探しても見つかりませんよ。「真実」は「思考の外」にあるんですから。最初から探す場所が違っていますね。

204

人の手のついていない自然に触れている人ほど、体の感覚が〝開いて〟います。理由は単純です。

人間も自然の一部だからです。自覚のあるなしにかかわらず、自然は、私たちの「五感」を開かせます。ある意味、むりやり開かされます。それがいいんです。

ですから、機会をつくって自然に触れてください。できれば、人の手のつけられていない自然が一番ですが、都会に住んでいると、なかなかそうもいきません。

まずは、どこかの山から運ばれてきた、公園に植えられた木でもかまいません。触れてみましょう。そこからはじまっていきます。

205

ポジティブ、ネガティブについてですが、「事実」のなかには、「比較」の上に成り立つふたつの相対するものは存在しません。ですから、ポジティブ、ネガティブというそれ自体がありません。ポジティブ、ネガティブというのは、人が「自分の都合」に合わせた見方です。

「事実」には、その瞬間に現れたあなたの「活動のようす」があるだけです。それは、ひとつしかありません。ふたつ同時に現れて、「比較」が起きるようなことはありません。これが私たちの本来の活動のようすです。

「事実」となかよくなったら、比較対象の上にあるポジティブとか、心地いいという感覚とは違う絶対的な「安心」を感じます。「何も起きていない静けさ」がそこにあるんです。

206

多くの人が、「嫌な思考が離れない」と言いますが、ちゃんと見てみると、実際はそんなふうにはなっていません。

どういうことかと言いますと、その嫌な思考が離れないという真っ最中に、ラインの着信音が鳴ると、その瞬間、あなたのなかは、ラインの着信音で塗りつぶされます。嫌な思考なんて、どこにもないはずです。

嫌な思考が離れないという真っ最中に、沸かしていたお湯が、やかんから噴きこぼれた瞬間、あなたのなかは、「シューッ」という音で塗りつぶされます。そして、急いで火を消すという行動で塗りつぶされます。嫌な思考などというものは、きれいさっぱり消えているはずです。

その嫌な思考が離れないという真っ最中に、「そろそろ夕飯の準備をしなくちゃ」という思考がわきあがった瞬間、あなたのなかは、「そろそろ夕飯の準備をしなくちゃ」

という思考で塗りつぶされます。嫌な思考など跡形もなくなっているはずです。

私たちは、つぎつぎと目の前に現れるそのもの一色になって、そのままに活動しています。嫌な思考ひとつにとどまっているなどという〝離れ業〟はできません。

もし、あなたがひとつの思考だけにとどまっているなどということができたら、あなたの教えを乞いに世界中から人が集まってきますよ。そのくらいありえないことなんです。

どんなことであろうと、私たちは、ひとつのことにとどまっていることなどできません。そのことに気づいてほしいんです。

自分の活動のようすをよおーく見てください。あれかと思えばこれ、これかと思えばあれ、というふうに、いっときもとどまることなく、いろいろなものに変化していますから。そこに「自分」などという固定されたものなどどこにも存在しません。

207

「思考」から離れるということでさえ、人は、「思考」でどうにかしようとしてしまいます。「思考」のない場所を覗いてみようとしているのに、「思考」を使ってそこに入ろうとしてしまうんです。無理がありますよね。

208

苦しみのなかで、あれこれやってみるも、どうにもならないところにまで行って、「いよいよ、ここまでかな」というとき、あきらめ〝らしきもの〟が現れます。けれども、たいていの場合、まだこのときは、本当の意味でのあきらめにはなっていないことがほとんどです。あきらめ切れていないないんです。

ですから、悲しいんですね。悔しいんですね。未練があるんですね。これは、あきらめ〝らしきもの〟であって、本当のあきらめは、まだやってきていません。

そうこうするうちに、「終わったな……」というところまで行って、本当にあきらめが起きると、どうなるかわかりますか？

もう、清々しさしかありません。「どうでもいい」などという投げやりなものではありません。投げやりというのは、悲しいんです。怒りがあるんです。まだ、あきらめ切れていない段階なんです。

そうではなくて、自分でどうこうできるものではないという本当のあきらめが起きると、もう清々しいんです。信じられないかもしれませんが、大空が広がっていくような感じです。目の前が明るくなるんです。

このとき、何が起きているのかというと、「ここから抜け出したい」「変わりたい」という考えが、ごっそりなくなっているんです。そうかといって、「これでいいんだ」という考えもありません。何もないんです。ただ静けさがあり、そのようにあるだけです。

これは、理屈をこねくりまわして、頭の理解でたどり着けることではありません。理屈抜きの現れです。

でも、そんなギリギリの状況まで誰だって追い込まれたくはないですよね。そこまで行かずに、「変わりたい」という考えが消え、「静けさ」に気づけるにはどうしたらいいのかといえば、しっかり目を開いて、「事実」を見つめていき、目の前に現れてくることは人間の力でどうこうなるものではない、ということを実感するしかありません。

その実感があなたを変えます。もうまかせるしかないというか、本来、私たちは、ずーっとまかせっぱなしで生きてきたんだということが、はっきりとわかります。そこに本当の救いというものがあることを知ります。

209

お風呂に浸かって、お湯から離れることなんてできませんよね。日常のなかで、空気から離れることなんてできませんよね。

「根源」とあなたの関係は、それと同じです。あなたはいつも「根源」とともにあるんです。

210

雨あがりで、道に水たまりができていました。それだけなら、何の問題もありません。ただの水たまりです。

ところが、あなたはワンちゃんのお散歩中でした。しかも、きのうシャンプーをしたばかり。

「あっ！」と思ったときにはすでに遅し。ワンちゃんはどろどろの水たまりにバシャバシャと入り、あっというまに泥水まみれになってしまいました。とたんに水たまりは、〝大問題〟になったわけです。

「水たまりがある」という「事実」には何の問題もありませんでした。「ワンちゃんが泥水にまみれた」という「事実」も、それだけでは何の問題もありません。ただそうであるというだけのことです。

問題にしているのは、あなたの「頭」なんです。

211

「何もしない」という言葉がよく出てきますが、勘違いしないでいただきたいのは、考えることや行動をしないということではありません。

その考えや行動さえも「全自動」であることを知った上で、その「全自動」のままに活動していくようすが「何もしない」ということです。そこに「個」が活動しているようすはどこにもありません。

212

あらゆることが、「原因」があって、「結果」が現れます。これがすべてと言ってもいいくらいです。あらゆる現れの源泉です。

風が吹いて雲が流れます。「風」が原因で、「流れた」が結果です。

一生懸命に勉強をして、いい学校に入れたというとき、「一生懸命に勉強した」が原因で、「いい学校に入れた」が結果になります。

ただ、ここでみなさんが勘違いしやすいのが、「原因と結果」があるのなら、すべてが決まっているのではなくて、自分次第で人生は変わっていくのでは？　と思うところです。これが違うんです。

たしかに私たちは、「個人」という立場から見た場合には、何でもできますし、自分で変えているようにも感じます。

けれども、「事実」の上では、今、例にあげた受験の話でいえば、「一生懸命に勉強をする」という原因になる要素に、私たちは介在することができません。自動で現れてきます。一生懸命さの度合いも、勉強の方法も、まわりの環境も、何ひとつ自分では選んでいません。何らかの原因の結果として、「一生懸命に勉強する」が現れてきます。

みなさんが「原因」だと思っている「一生懸命に勉強する」も、じつは「結果」です。あなたが生まれるずーっと前からつづく自動連鎖の「結果」です。

私たちは、「原因」をつくるということをしていません。「原因」と思っているものが完全な自動連鎖による「それしかありえない結果」です。私たちが触れる隙のない完璧な現れです。

もうひとつ、こんな例はいかがでしょう？

あなたがエアロビクスのインストラクターだったとしましょう。あるとき、ふと「英会話を習おっかな」と思い立ちました。それから半年あまりがたったある日、あなたの教室に、日本語があまり話せないイギリス人女性が参加しました。英会話を習っていたおかげで、あなたはこの女性となかよくなることができました。しばらくすると自宅にまで呼ばれて、ごちそうになったりもしました。

じつはこの女性が、在日外国人女性ネットワークの中心的存在で、あなたのクラスは、あっというまにグローバルな集まりになり、やがて、その評判が評判を呼んで、あなたは、人気のインストラクターになりました。

これは、あなたが英会話を習ったから、このようなことを〝呼び寄せた〟のではありません。最初からこうなることが決まっていたから、あのとき、あなたのなかに、ふっと「英会話を習おっかな」という考えがわきあがったんです。

ぜんぶ決まっていたことです。すべてが自動です。英会話を習うという「原因」を、あなたが自分の意思でつくることはできません。それがどうしても起きる必要があったから起きたんです。

213

「いい、悪い」の判断が、人を苦しめ、人々を対立させ、争いを起こさせます。

214

野生のイルカは、どこからともなく現れて、ピョンとジャンプします。あっちでピョン。こっちでピョン。向こうでピョン。どこから出てくるかわかりません。いつ飛び出てくるかもわかりません。そして、海に消えます。飛びあがった形跡など、どこにも残さずに消えます。

「思考」もこれと同じです。あなたがコントロールしているのではありません。予測不能です。あなたの意思とは関係なく現れては、消えていきます。

そして、もうひとつ重要なことは、野生のイルカは、誰のものでもないということです。「思考」も同じ。誰のものでもありません。ただ現れているんです。

215

「自分はいない」ということを、「思考」をほじくり返してわかろうとしていませんか？どうして「自分はいない」と言えるのかを納得させてくれる「理屈」を探しても見つかることはありません。

それが「理屈」の上でわかったとしても、「自分」は消えません。「自分」などというものは、考えているかぎり、なくなりません。

「自分がいない」ということを、多くのみなさんが勘違いしています。あらゆることが、「自分なしの活動」がおこなわれているということであって、「あっ、今、自分が消えた」などと感じるものではありません。

違う言い方をすると、「自分」などというものを考えもしないこと、それが「自分はいない」なんです。

ですから、「自分がいない感覚」を探すようなことはさっさとやめて、つねに「自分なし」でおこなわれている活動に触れることです。

216

「思考」が一時的におとなしくなっているように感じるときの「静けさ」や「安心の

ようなもの」は、「思考」のなかで起きている表面的なものです。

そのため、別の強い「思考」、とくに「自分の都合」をかき乱すような「思考」が現れると、一瞬で吹き飛ばされてしまいます。

多くのみなさんが求めている私たちの根っこの「静けさ」とは違うものです。表面的な静けさがいけないと言っているのではありません。

ただ、そこが勘違いされたままですと、表面を静かにすれば、求めているものに近づいているような思い違いが生まれてしまうということなんです。そうではありません。

217

思いどおりにいかないとき、小さな子どもを見ると、泣き叫ぶ子、元気がなくなる子、怒りを誰かとか何かにぶつける子、すねる子などさまざまですね。彼らは、それを「自分」で選んでいるのでしょうか？　違いますよね。

では、私たちおとなはどうでしょう？　まったく同じです。「自分」で選んでなどいません。何にイラッとするかも選んでいません。すべてが自動です。

「でも、おとなは自制心を働かせますよ」と思っている方もいると思います。たしかに、そうかもしれません。けれども、その自制心の働かせ方やその度合いを「自分」で選んでいないんです。あなたの意思ではないんです。

今度、何か自分の思いどおりにならなくて、イラッとするようなことが起きたら、よおーく見てみてください。それが自分で選ぶ余地などなく、自動で怒りが現れ、自分が何かをしているなどということは、どこにもないはずです。

218

あなたに質問です。

あなたは、今どこにいますか？

この質問を聞いて、まっさきにあなたの頭に浮かんだのは、「あなたの体」がある場所ではありませんか？　「ここ」という言い方もできます。私たちは地図上のどこにいようと、「ここ」にしかいられません。でも、それも「体」がいる場所のことを言っています。

この質問は、あなたの「体」が今どこにあるかを聞いているのではありません。あなた自身のことです。さあ、あなたはどこにいるのでしょう？

「今にいます」という答えが浮かんだ人もいるでしょう。では、その方にお聞きします。「今」というのは何を指しているのでしょうか？　ここに何か大きなヒントがありそうですね。

219

「五感に親しむ」ということで、私がみなさんにおすすめしたいのが、「食べる」という行為です。

五感のなかで、「食べる、味わう」という感覚が楽しいのは、「味わう」という単体の感覚ではないからです。「見える、聞こえる、におう、感触を感じる」というほかの四つもすべて入っている行為なんです。

まず、「目」です。私たちは、食べることを目でも楽しんでいます。できたてのやきそば。ソースで麺やキャベツにつやがあって、紅ショウガがあって、湯気が立っていておいしそうだとか。

こういったようすをまったく見ないで食べてみると、よくわかります。イマイチなんです。私たちは、食べることを目でも楽しんでいるんです。

つぎに、「耳」。ものを食べると噛んだときに、かためのものなら噛み砕く音が聞こえます。これが食事を楽しくしているんです。食材がジュージュー焼ける音とかも大事ですよね。

三つめが、「鼻」です。においが重要であることは言うまでもないでしょう。食べるとき、鼻をつまんでにおいがまったくしないようにして食べると、味がしません。

鼻をつまんでアイスコーヒーを飲むと、何を飲んでいるのかわかりません。ただの冷たい水にしか感じられません。やってみてください。

四つめが、噛み砕く「感触」です。ナッツをかじれば、カリッという感触が現れますね。チョコレートなら、口のなかで溶けていく感触が現れますね。これがおいしさに大きく関わっているんです。

「感触」にはもうひとつあります。インドに旅行に行って、はじめて手でごはんを食べると、スプーンで食べるよりおいしく感じると言いますよね。おにぎりだって、箸で食べるより、手でつかんで食べた方がおいしいんです。手の「感触」がプラスされるからです。

そして、「口」。「味わう」です。

五感すべてが深く関わる「食べる」という行為。五感となかよくなるこのお勉強にもってこいでしょう。楽しくお勉強ができるんですから。

220

「思考」のなかには、いつも「自分にとって都合の悪い状況」があります。いつも「何かが欠けて」います。だから、いつも「それを変えたい」という欲求があります。一方、「事実」のなかには、ただ「今のようす」があるだけです。

221

あなたは自分の足では、チーターより速く走れないことを知っていますよね？　あなたは、夜になっても太陽がなくなったわけではないことを知っていますよね？　あなたは、すべての生き物が必ず死ぬことを知っていますよね？　ここに疑いはありませんよね？　これらの確信がゆらぐことはありませんよね？

「気づき」とは、このようなものです。自分が「根源」そのものだという確信を得たら、何があってもそれがゆらぐことはありません。それを知る前に戻るなどということはありません。

222

いろいろな悩みがあって、「これなら私を救ってくれるかもしれない、私の問題を解決してくれるかもしれない」と思い、ノンデュアリティに興味をもち、メッセージに触れてみる。けれども、話を聞いてみると、すぐに目の前の問題をどうこうしてくれるようなものではないということがわかってくる。そして、こんな風に思います。「ノンデュアリティは、私の問題には役に立たない」と。あなたもそんなふうに感じたことがあるのではありませんか？

ノンデュアリティというものを問題解決の手段としてとらえているんですね。最初のきっかけとしては、それでもかまいません。けれども、実際にお勉強に入ったら、それが変わっていかなければ、何も見えてこないでしょう。

ノンデュアリティは、私たちが生きている本来のようすを語っているものです。そこに「ゆらぐことのない幸せ」があるんですよ、と語っているものです。

「思考の世界」「自分が存在する世界」を土台にして、「自分の都合」をじゃまする問題や悩みを消すことで幸せになろうとするところから、一度、離れる必要があるんです。

「思考の世界」を見ているとき、「ゆらぐことのない幸せ」が現れることはありません。むずかしいことのように思えるかもしれませんけれども、そんなことはありません。空を見あげているまさにそのときに、そこにあるものなんです。シャツにアイロンをかけているまさにそのときに、そこにあるものなんです。

223

すべての苦しみは、「自分がそれをしている」「自分に起きている」という思い込みがなくならないために現れています。

これを聞いて多くの人が、「たいへんだ、では、その〝自分〟ってやつをどうにかしなければ！」と思ってしまうんですね。そこが違うんです。

〝自分〟というものを取りあげて、どうにかしようとするんですね。そこにフォーカスしているかぎり、思考の上に〝自分〟というものは現れつづけます。

そうではありません。見なくてはいけないのは、〝自分〟の方ではなくて、〝やっている〟の方なんです。私たちは、「自分で」何かをやっていないんです。そこに気づいてください。

224

都会から離れて田舎に行くと、夜、空一面を埋め尽くす星が見えます。素晴らしい景色です。それと同じ星は、じつは都会の空にもちゃんとあります。けれども、夜になっても消えない街の明かりや、澄んでいない空気のせいで見えないだけなんです。

あなたが探しているものは、この星空と同じです。明かりや濁った空気のせいで見えなくなっているだけです。それらを消すだけで見えてくるんです。その役目を果たしてくれるのが、「事実と向き合う」ことです。「事実」が見えてくるたびに、濁った空気が薄まり、明かりのスイッチがひとつずつ切れていきます。

本当のことを言えば、濁った空気も明かりもあるままでいいのですが、一度、すべてがクリアになったときの景色を体験する必要があります。

そして、今にも降ってきそうな星空をはっきりと見たときに、はじめて、「ああ、ぜんぶそのままですでに完璧だった。そのままでよかったのだ」と知ります。

「事実に向き合うこと」です。それは、ただただ自分が生きているようすに触れることです。

225

本来の私たちは、いわば、地中深い「土のなか」のようなものです。一方、目の前で起きるさまざまなできごとは、「地上」で起こっている自然現象のようなものです。台風、雨、大雪、猛暑、霧、嵐……。何が起きても、地中深くでは「静寂」があるだけです。

226

すべてが「出会い」です。あなたはこれまでにどれだけの出会いを経験してきたでしょうか？　人との出会い、モノとの出会い、仕事との出会い、パートナーとの出会い、病気との出会い、我が子との出会い。また、それ以前に、そもそも自分が生まれてきたのだって、「体」との出会いです。

呼吸だってそうです。吸う息に出会い、吐く息に出会い、その出会いが一生、体が死ぬまでつづけられます。五分も休むことなくつづいています。荒い息だったり、静かな息だったり、毎回、一生に一度しかない、二度と同じものを経験できない息と出会っています。

外を歩けば、一生に一度しかない、風と出会えます。一生に一度しかない景色にいつも出会っています。

それらすべての出会いが、そのように起きるべくして起きています。それしかありえない完璧なかたちで現れています。

私たちの手などおよびもしないところでその準備がなされ、それしかないタイミングで飛び出してきます。その飛び出してきたことが、またそのつぎの出会いをつくります。この連鎖が完璧としか言いようがないんです。

もちろん、「気づき」のようなものだってそうです。「出会い」です。何がきっかけになるかわかりません。どこで出会うかもわかりません。

私もその出会いによって、見える世界がガラッと変わり、ブログを書きはじめて、たくさんの人と会ってお話をするようになったり、まさか、本まで出すようになるなど考えもしないことでした。私が自分で何かやったのでしょうか？　いいえ、私がいっさい介在することなく起きたことです。ただそれが起こりました。

すべてが、私たちが介在することのできない「出会い」によって、完璧に運ばれているんです。

227

自分が動かぬ存在であることが見えたときに、すべてがわかります。自分が何もしていないこと、すべてが自分のなかで起きていて、でも、じつは何も起きていないことがわかります。

これは言葉で言うほどむずかしいことではありません。多くの人がむずかしいことだと思い込んでいて、見逃しているだけなんです。

228

足を一歩踏み出したときに感じる足の裏の感覚。地面に足がついているたしかな感覚。

「そんなものがどうした」と言いたくなるでしょう。でも、あなたが思うそんなものが「事実」であり、それがあるから、私たちは、歩いていることがわかるんです。突きつめたら、これが、「命」そのものに触れているということです。生きていることの証です。

大事にしなくてはいけないのは、ふだん粗末に扱っている「事実」です。ところが、多くのみなさんは、「思考」と遊ぶことにたっぷりの時間を割いています。やっていることが逆ですよね。大事にしなくてはいけないものと、かまわないでいいものが、反対になってしまっています。

「思考」のなかに迷い込んでしまった人から、たまに、「生きている意味がわからない」といったことを聞くことがあります。けれども、「命」そのものに一度でも触れたなら、そんな考えが浮かぶことはありませんよ。

229

「ただある」のなかに、「いつ、どこで、誰が、何を、どのように」というものは存在できません。時間はなく、場所もなく、誰もおらず、何々という名前もなく、どのようにという流れや動きもありません。「ただ、ある」んです。

230

人は何かにつけ、自分の都合に合うように他人をコントロールしたくなるものです。そういうときは、すべての人が自分で自分をコントロールなどできないということを思い出してください。誰もがそうあるようにしか行動できません。
すべてが自動で起きることを思い出してください。誰もそれに逆らうことはできません。それしかありえないかたちで現れてくるのですから、お手上げなんです。目の前にいる人だって、自分をコントロールできないなかで、そのような行動が現れているんです。そのことを思い出してください。

231

黄色いテニスボールがひとつあなたの前にあるとき、あなたが「野球のボールの方がよかった」と言おうが、「水色の方がよかった」と言おうが、「もっとたくさんなくちゃ嫌だ」と言おうが、「事実」は現れたままです。

あなたの「希望」とは関係なく、ただそのとおりに現れます。まちがいのない現れです。いっさいの迷いのない現れです。黄色いテニスボールが黄色いテニスボールであってくれることが、どれだけありがたいことか、多くの人がわかっていません。ココロ変わったら、私たちは安心して暮らすことができません。

そこに本当に気づけると、今、目の前に現れているものごとを、どうこうしようとすることが消えていきますよ。

232

ちょっと外に出ただけでも、アスファルトの道が目に飛び込んできて、空が目に飛び込んできて、街路樹が目に飛び込んできて、ガードレールが目に飛び込んできて、車が目に飛び込んできて、人の姿が目に飛び込んできて、とても書き切れないほどのものが、つぎつぎに目に飛び込んできて、こんなことが延々とつづいていきます。

実際には、このとき同時に、音も聞こえ、においも感じ、足の裏の感覚もあります。夏なら、肌をさす太陽の日差しを感じるでしょう。

もちろん、外に出たときだけではなくて、どこにいようと、いつも私たちの「体」は、フル回転で活動しています。私たちの「体」は、それをなんということもなしに、生まれてからずっとやってくれています。これからもずっと、死ぬまでやってくれます。世界のすべてを教えてくれています。そして、その奥にある本当に大事なことを教えてくれています。

233

このお勉強は、問題や悩みを「思考」を使って解決するようなことではありません。すべての問題や悩みというものは、「個」の存在を認めた「思考」の世界に現れるものです。「個」の存在のない「事実」のなかには最初からないんですよ、というお話をしているんです。

234

何も起きていない土台の上に、すべてが夢のように現れています。

235

小さい頃から、私たちは、「考えることがいいことだ」と教わってきました。親から、教師から、まわりのおとなたちから教わってきました。問題というものは、自分の頭で考えることで解決するのだと。

そして、「そもそも、人の人生というものは問題だらけなのだから、思考から離れるなんてとんでもない。それでは何も片づかない」と感じているわけです。

社会のなかで生きているんですから、何もしなくていいとは言いません。やるべきことはやらなくてはいけません。人には何かしらの責任というものがあるわけですから。

けれども、根源的には、私たちは何もしておらず、ただ起きることが起きるべくして起きる世界のなかで、「体」に与えられた役目を果たしているだけです。その活動はすべて自動で起こります。

あれこれ考えることをやめ、思い切って、一度、「思考」という荷物をおろしてみてほしいんです。そこに、私たちの本来の活動のようすが見えてきます。

そのとき、そこにある「問題らしきもの」がどんなふうに映るのか、ぜひあなた自身で確認してください。

236

家事をぜんぶ完璧に終わらせてからでないと休めない、目標を達成してからでないと休めない、何々をしてからでないと休めない……。これでは、疲れてしまいますね。

何よりも先に、まず休むことでしょう。しなくてはいけないと思い込んでいることと、休むことは同じ線上にあるわけではないんです。「休む」は、独立して別の場所にあるんです。いつでも休めるんです。

幸せも同じなんですよ。「何か」の先にあるのではありません。この瞬間、この場所にあるんです。それを見つけることは、むずかしいことではありません。私たち本来のようすに戻るだけです。それが自然なことなんです。

237

「どうしてこんなことになっちゃったんだろう」となっているのは、「どうしてこんなことになっちゃったんだろう」という「思考」が、今、あなたのなかに現れているだけです。

「なんで私に……」となっているとき、「なんで私に……」という「思考」が、今、あなたのなかに現れているだけです。

今、苦しみのなかにいると思い込んでいるあなたに必要なことは、それが思考のなかで起きているだけだということを本当に実感することです。「ああ、ほんとに外側で何かが起きているんじゃなかったんだ」と実感することです。そのための『バタ足』なんです。

238

よくこんな会話がありますよね。

A男「これ、ほんとにすごいんだよ」
B太「いやいや、そんなのつまんないに決まってる。見りゃわかる。そもそも怪しいし」

A男「いいから、だまされたと思ってやってみなよ」
B太「嫌だよ、どうせつまんないから」
A男「いいから、ちょっとだけ」
B太「わかった、わかった、じゃ、やるよ……」
A男「どうだ？」
B太「ほんとだ、たしかに」
A男「だろ」

「事実」に触れるというのは、これと同じようなものです。

239

このお勉強をしていて、不安とか後悔がスッと消えるような感覚になることがあります。

でも、もしそれが、「過去はない」とか、「自分は何もしていない」という理屈の上に現れたのだとしたら、それは、「理解」からそのような「思考」が現れているだけです。ですから、本当に楽にはなっていないはずです。

本当に不安や後悔が抜け落ちるときは、理屈はくっついてきません。必要ないんです。ただ抜け落ちるんです。

「事実」に出会うと、理屈は消えてしまうんです。

240

「光に包まれた」とか、**「宇宙とひとつになった」**といった話を聞くことがあると思います。あなた自身も経験するかもしれません。した経験があるかもしれません。

けれども、そういうものに惑わされないでくださいね。それらは幻影、幻想です。

それをどうのこうの言っているのではありません。そういう感覚があったらあったです。ただ、それ自体は、たいていの場合、気づきのようなものとは関係ありませんよ、ということです。

そんなことにとらわれるのではなくて、ひとさし指を一本さし出せば、〝光に包まれてなどいない〟ひとさし指が、そのまんまにはっきりと見えるはずです。

公園を見れば、そのまんまのベンチが見えるはずです。そのまんまのすべり台があなたのなかに映っているはずです。

それが「事実」です。それが素晴らしいことなんです。そこに気づいたときに、あなたが求めている「真理」が見えてきますよ。

241

誰かから嫌なことを言われたとき、私たちの頭は、もうそこにない言葉を、まだそここにあるかのように思い込んで、「悔しい」とか、「頭にくる」という反応をします。「事実」の上では、もうとっくになくなっているというのに。

その言葉はもうないというのが、たしかな「事実」です。耳は「事実」だけをきっちりとらえています。今、その声があるか、たしかめてみてください。ありませんよね。「事実」はそのように現れては消えていきます。この〝消えていく〟ということが奇跡のようなことなんです。このことに気づき、もち越さない生き方ができると、すべてが〝軽く〟なっていきます。

それはむずかしいことでも何でもありません。もち越すなどということをいっさいしていない私たちの本来のようすを見ればいいだけです。

242

多くのみなさんが幸せを感じるもののひとつに、旅行がありますね。温泉につかって最高の幸せを感じる。ふだん食べられないような料理に幸せを感じる。ハワイのあの独特の雰囲気に最高の幸せを感じる。

そして、あなたは言います。「ああ、最高！　このために、がんばって働いてきたんだもの！」と。

さて、この幸福感は、温泉やハワイそのものがもたらすものなのでしょうか？　「そうに決まってんだろ！　ハワイ最高！　温泉最高！」という声が聞こえてきそうです。わかります。

でも、そこに幸せそのものがあるわけではありません。ハワイや温泉に「幸せ」というものがくっついているわけではありません。

ものを買ったり、何かを得たりしたとき、そのものに「幸せ」がくっついているのではありません。

〝求めるものがなくなった瞬間〟が、幸せなんです。温泉につかった瞬間、それ以外のほかのものを求めていないんです。温泉そのものになっているともいえます。お湯に触れている感覚だけになっているんです。それ以外があなたのなかに現れていません。

もちろん、そこにあなた自身もどこにも現れていません。まわりとひとつになって消えているんです。そこに欠けているものはありません。これが幸せの正体です。

243

「体」は、いつもすべてを受け入れて、何ということもなく過ごしています。

けれども、それはいつも「平静」ということではありません。モヤモヤすることがあれば、ちゃんとモヤモヤが現れます。具合が悪ければ、そのとおりに現れます。これを〝完璧〟と言います。

本来の私たちは、生まれてからずーっとそうやって過ごしてきています。それ以外の生き方などしていません。「頭」が「自分の都合」をもち出してきて、問題に仕立てあげて騒いでいるだけです。

244

「知識」を得ることは、私たちに、何かうまくいっているような心地よさを与えます。癒しのようなものを与えてくれる場合もあります。

ですから、よく目新しい考え方のようなものに出会うと、最初、調子よくすすんでいるような感じがします。

けれども、それだけでは、「実際の自分はどうなっているか？」を見たときに、何も変わっていないことがわかります。なぜなら、このお勉強においては、「知識」を得ただけでは、何もはじまっていないのと同じですから、変化のようなものは起きないんです。

でも、「知識」のなかにいれば、とりあえず、学びがすすんでいるような心地よさのなかにいられるわけです。これが多くの人が「知識」に依存しやすい理由のひとつです。

忘れないでいただきたいのは、変化が現れるのは、得た「知識」が、実生活のなかに生かされるようになってからだということです。このお勉強にかぎっては、知識の上での「納得」が、あなたに変化を起こすことはありません。

245

仕事も家事も、あなたがやっているのではありません。おしゃべりも、寝ることも、遊ぶことも、お勉強することも、子育ても、散歩をすることも、怒ることも、笑うこともぜーんぶ、あなたがやっているのではありません。すべてが「根源」の活動です。

246

私があなたの前で、突然、見たことのない奇妙な踊りをはじめたとします。「事実」の上では、あなたの目がそれを完璧にとらえ、ただそのようすがあるだけです。

ところが、あなたの頭は、「はて、これはなんだろう？　金森さん、どうしちゃったの？」といろいろ考えはじめます。これが「思考の迷い」です。これが、いいとか悪いとかのお話ではありません。「思考」のなかで迷っていますよ、ということです。

これは極端な例ですが、「事実」はそうなんです。「事実」は見えたままです。ただそのようすがあるだけです。このお勉強において、今は、「事実」だけとなかよくなってください。「思考」のあれこれとは関わらないでください。考えれば考えるだけ、わからなくなっていきます。

大事なのは、見えたまま、それだけです。「思考」と切り離れた活動がどういうものなのかを知っていただきたいんです。

「それじゃあ、動物みたいではないか。犬とか猫のようにしていろというのか」と思う人がいるかもしれません。

でも、あなたは犬にも猫にもなったことがありません。「犬とか猫のように」というのも、それもまた「想像」にすぎません。それも「思考」の世界のことです。

「じゃあ、何も考えなくていいのか」とも思いますよね。それも、「考えない」という別の「思考」の働きです。

自分が「思考」から一歩も離れようとしていないことに気づいてください。

247

「個」の自分がはがれるとか、ひとつになるといったことを、むずかしく考えないで

ください ね。

モノが見えたときに、ただそのとおりに見えること、聞こえたときに、ただそのとおりに聞こえること、におったときに、ただそのとおりににおうこと、そんなことなんです。ただそのとおりにあることなんです。

「思考のつくりもの」がいっさいくっついていない、そのまんまに触れること、ただそのとおりにあること、これが「自分がはがれた」状態です。むずかしくなどないでしょ？

248

あなたが「あ、音が聞こえた」と気づく前から、音はあなたのなかにあったということです。気づいたときには、とっくに入ってきています。あなたが、「聞こえた」と気づく前に、「五感」はとっくにそれをとらえています。聞きたくないなどと思っても先に聞こえてしまうんです。

雷の音が聞こえたとき、私たちが「あっ、雷だ」と気づく前に、音は、すでに私たちのなかにあります。「五感」はそれをそのままにとらえて、そのまんまに反応して、そのまんまに活動しているんです。

249

何か嫌なことなどに遭遇すると、人は「あってはならないこと」と決めつけます。でも、「あってはならないこと」というものはありません。それは、人の思考がつくりだした基準で見たときにだけ現れるものです。

そんなことなどおかまいなく、「事実」は現れてきます。すべてが起こりうることです。

250

すべてのものごとが、「根源」の現れです。もちろん、私たちも「根源」の現れです。

「根源」と離れた「個」ではありません。

みなさんは、こういうことを、頭では「知って」います。けれども、「個」があるという思考から抜け出すことができません。「個」はないという「実感」がないんですから当然です。

でも、「事実」は、たしかに私たちは、「根源」の一部です。「根源」そのものでもあります。ですから、私たちは、「根源」から離れて、自分の意思で勝手に行動ができるような存在ではありません。

それなのに私たちは、何かにつけて自分の都合のいいように変えようとします。変えたくて仕方がないんです。いつも自分は不完全だと思っていて、もっと違う別の自分を探してさまよっています。だから苦しいんです。そこに気づいてほしいんです。

すべてがそうでなくてはいけないから、そのように現れているんです。「根源」の現れとして、それしかありえないことが、それしかありえないかたちで現れているんです。

251

苦しみを抱えたとき、誰から教わったのか、いつからそうするようになったのか、多くの人は、「心」と呼ばれるものを見つめようとします。

それは違います。苦しいときに、「心」と呼ばれるものを探ったりしたら、さらにモヤモヤが増すだけです。自分の嫌なところを見せつけられるだけです。どんどん暗くなっていきますよ。

これとは違うアプローチで、「いい面を見ていこう」というようなこともよく言われますね。けれども、苦しみをポジティブにとらえて、明るくなるなど、少しのあいだはできても、つづけることなんてできませんよ。かえってしんどくなるだけです。本当は明るくなんかないことを、自分が一番よく知っているんですから。

そんな表面的なごまかしではなくて、つらいとき、苦しいときは、「事実」を見ることです。その一番身近な「事実」が、「体の感覚＝五感」です。私たち本来の生きているようすに触れていくことです。そうすると、私たちが生きているようすのなかには、もともと苦しみというものは、どこにもないということがわかってきます。

見なくてはいけないのは、「事実」です。「心」と呼ばれているものは、そのときどきに現れた「思考」をあとから思い出して〝束〟にしたものです。結局は、「虚」なんです。「虚」の世界をさまよって、〝正解のように見える〟何かを見つけたとしても、それも「虚」です。さらに迷いのなかに入ってしまうだけです。

そうではなくて、「事実」を見てください。「五感」です。「五感」が、私たちが生きている本来のようすを教えてくれるんです。

「心のようなもの」のなかに、私たちが生きている本来のようすは見つかりません。苦しみから抜けたいと本当に思うのなら、そこに行ってはだめなんです。

252

いわゆる霊的な体験と呼ばれる類《たぐい》のものは、このお勉強とは関係のないことです。あなたが望んでいる「真理を知ること」や「自由になること」や「根源に戻る」といったこととは関係のないことです。

それを楽しむのは悪いことではありません。でも、このお勉強にはもち込まないことです。

253

高い・低い、重い・軽い、右・左、上・下、成功・失敗、裕福・貧しい、楽しい・悲しい、暗い・明るいといった比較によってすべてが成り立っている世界のことを、私たちは「現実の世界」と呼んでいます。

私たちは、小さいころから、その比較対象のなかで幸せをつかむことがよいことだと教えられてきました。

けれども、あなたが気づいていようといまいと、人が本当に望んでいる幸せは、このような〝比較対象の世界〟から解放されたときに現れる「自由」です。これが何ものにもゆらぐことのない〝絶対的な安心〟なんです。

254

すべての現れには、私たちがそれに気づく前の瞬間があります。それが、正真正銘の「ド真ん中の事実」です。

とめどなく現れてくるこの「ド真ん中の事実」は、現れては跡形もなく消えていきます。ひとときも、そこにとどまっていることはありません。

255

自分では何もしていない、いっさい介在していないといったことを聞いて、そこに虚無感を感じたり、反発を感じたりしている方もいるかもしれません。

でもそれは、「頭」で考えているからです。「考え」の方に行ってしまってはわからないんです。

すべてを包む「根源」のようすをはっきりと実感したとき、そのあまりに完璧な活動に、「もうまいりました」と、思わず笑ってしまうほどです。そのときに私たちは、あらゆるものから解放された、たとえようのない「軽さ」を感じるんです。

256

「よい思考や行動が、よい結果をまねくのではないのか、悪い思考や行動が、悪い結果をまねくのではないのか、と思っている人も多いかと思います。そうであってほしいという気持ちもあると思います。

よいおこないは、報われるべきだろう。一方、悪いことをした人は、その報いを受けるべきだろうと。

このような考えをもつ多くの人が見逃している大事なことがあります。

まず、それがよかろうが、悪かろうが、私たちはその選択にいっさい介在することができないという点です。すべてが自動で現れます。すべてが決まっています。

こういう言い方もできます。すべての結果は、先に決まっていて、それに向かうような思考や行動が現れているということです。

さらに、ここでは別の角度からお話しします。

みなさんが、いい行動、いい結果、悪い行動、悪い結果と言うときの、いい・悪いは、人の「判断」だということです。それは、共通認識レベルの大勢の判断の場合もあるでしょうし、個人レベルの判断の場合もあるでしょう。いずれにしても、人の「判断」の上に成り立っているということに変わりはありません。

けれども、「根源」の活動に、そのような「判断」というものはありません。「根源」の活動である完璧としか言いようのない自動連鎖のなかに「いい・悪い」という概念（＝人がつくったもの）は存在しないんです。

あなたが言う「いい・悪い」は、人が「判断」をくっつけているだけです。それを忘れないでください。

その「判断」が意味のないことだと言っているのではありません。たくさん勉強をして、いい学校に入った、いい会社に就職するというのは、それはそれでいいことなのでしょう。でも、その「いい」は、あくまでも、人がつくった「判断」だということです。

困っている人を助けることも素晴らしい行為です。ですが、これも人の「判断」だということをけっして忘れないでください。

それを忘れて、自分が「いい行為」をしているという考えをもったままで相手に向き合うと、それは「判断」をともなった行為であり、〝純粋な行為〟ではなくなります。それは、ある意味、〝刃〟をもった行為となり、ときに相手を傷つけてしまうことがあります。

「根源」に触れてください。「判断」のない活動に触れてください。そのときにはじめて、あなたが本当に向き合うべきこと、本当にやるべきことが、自然と浮かびあがるはずです。

そして、そのことにあなたが気づいたときには、あなたは、もうそのように動いているはずです。あなたがどうこう思う前に行動が起きているはずです。

257

「体の感覚に気づくようにはなったのだが、とくに変化が感じられない」という声をいただくことがあります。

気持ちはわからなくもないのですが、体の感覚に気づける、立ち返れるようになったことが、それだけで進歩なんです。素晴らしいことなんです。

そこに気づいているその瞬間、立ち返っている瞬間は、本当は存在しない「外側」のできごとに、あなたはいっさいとらわれていなかったはずです。そのほんのひととき、「思考」にとらわれることなく「自由」だったはずです。

そこに気づくことができなかったために、「何も変わらない」という「思考」が現れたわけです。そして、また「思考の世界」に引き戻されてしまったわけです。

258

終わらない「思考の連鎖」。あなたは、いつそこから抜けますか？　どう向き合いますか？

259

このようなお勉強をしている多くのみなさんは、「わからないもの」や「得体の知れないもの」の方に強い関心をもつんですね。

なぜだかわかりますか？

それを知れば、自分がもっとよくなるに違いない、今の状況がもっとよくなるに違いないと思っているからです。

残念ながら勘違いです。その謎が解けたとしても、そこにあるのは、「謎が解けた」という「満足」だけです。

このお勉強は、「わからないもの」を探るのではなくて、「わかっていること」をちゃんと見ていくお勉強です。私たちには誰でもわかっていることがたくさんあります。そっちを見ることです。

今ある感覚を感じて、ちゃんと味わったら、それだけでいろいろなものが見えてきます。

雪にさわったら、冷たい感覚がありますね? 冷たいと感じるでしょ? 目をつぶったら、ものが見えなくなりますよね? 開いたら見えますよね? 走ったら、息があがりますよね? 息を吸ったら肺がふくらみますよね? 下を見たら、地面か床が見えますよね?

こんなにはっきりしたわかりやすいものが、私たちの目の前にいつもあるんです。つぎつぎに現れては消え、現れては消えている「事実」です。お付き合いしなくてはいけないのは、そっちなんですよ。

やがて、今あるそれがすべてだということも見えてくるでしょう。欠けているもののない完成されたものが、いつも目の前にあることがわかってくるでしょう。新しく何かを得ようとしたり、知ろうとしたりする必要など何もないんだということがわかってくるでしょう。

そのためには、わからないものではなくて、今、あなたがわかるものを見ていけばいいんです。

260

あなたにまとわりついて、あなたをずっしり重たくしているのは、じつは、「期待」という「思考」です。「根源」に触れたときの満ち足りた「軽さ」のなかに、「期待」は現れません。

261

洗濯物が濡れた状態と、完全に乾いた状態は同時に現れません。

だんだん乾いていく状態というのもありません。そのときの状態があるだけです。

「だんだん」という流れは、バラバラに現れた記憶のなかの状態を、あなたの頭が勝手につなげて、「だんだん乾いていった」という錯覚をつくっただけです。

262

「将来が不安で仕方がないんです。そんななかで、『静寂を感じる』なんてできません」

「過去の後悔がなくなりません。そんななかで、『静寂を感じる』なんてできません」

「問題が山積みです。そんななかで、『静寂を感じる』なんてできません」

そうですよね。多くの人が、「静寂」というものは、〝問題〟がなくなったときにはじめて現れるものだと思っています。

「静寂」は、幸せな家庭が実現したときに現れるのだと思っています。「静寂」は、お金の心配がなくなったときに現れるのだと思っています。「静寂」は、あらゆる恐怖や不安や後悔がなくなったときに現れるものだと思っています。

このような「考え」は、つねに何かが欠けている二元の世界のなかで、条件つきの静けさを求めているために起きます。

ここで話されている「静寂」は、そのようなものではなくて、私たちの根っこにいつもある「静寂」のお話です。それは、何があろうと影響を受けることはありません。この絶対的な「静寂」は、騒がしさの真っただ中にもあるんです。いつもそこにあるものなんです。

「頭」はそれを「わからない、わからない」と言うでしょう。けれども、「体」は知っています。いつも「静寂」とともにあります。だから、「体の感覚」となかよくなっていただきたいんです。

263

悩んでいようと、答えが出なかろうと、何をどうしたらいいか決められずにいようと、それが「思考」の上に現れているだけです。「事実」では、私たちは、いっさい迷うことなどない道の上にいます。ただ現れたままにすすんでいます。

264

「執着」や「しがみつき」のようなものが現れたとき、それを「捨てようとする」のではありません。がんばって切り離そうとしたり、断ち切ろうとしたりするのではありません。

現れるものは現れます。自分で止められるようなものではありません。自動で現れます。それをどうにかしようとするのは違います。わき出るがまんまでいいんです。

といいますか、よおーく見たらわかります。本来の私たちは、「思考」をつかまえたりしていません。最初から、わき出るがまんまになっています。

「自分」みたいなものがいて、それをつかんでいるような「事実」はどこにもありません。そのことに気づけるかどうかです。

265

大事なのは、やれ、意識がどうしただとか、やれ、空《くう》がどうしただとか、そんなややこしいことではありません。

そんなものを軽く飛び越して、ドーンと現れる「事実」です。「事実」は、理屈を相手にしません。ただ現れます。

人は、その「事実」と離れることなく生きています。それは、拍子抜けするほどシンプルな活動です。

266

雪は、あなたの都合とは関係なく降ります。あの人の行動も、あなたの都合とは関係なく現れます。すべての現れが、あなたの都合とは関係なく現れます。当たり前のことなんですけど、人はついそんなことを忘れてしまうんですね。

267

あなたが「現実」だと思い込んでいる「思考」の世界は、夢のなかのようなものです。夢のなかに「事実」を見つけることはできないということに気づいてください。

今、夢のなかにいるあなたに必要なのは、眠りから覚めることです。それには、目覚まし時計があると便利ですね。その目覚まし時計が、「体の感覚（＝五感）に戻る」ことなんです。

どんな音にするのか、どんなタイミングで鳴らすのか、何時にセットするのか、朝なのか、昼なのか、夜なのか、一日一回なのか、一日に何回も鳴るようにするのか、自分の好み、自分のペースで決めればいいでしょう。どうぞいろいろ楽しんでください。

やがて、時計をセットする回数が減ってくるでしょう。目が覚めていれば、目覚まし時計は必要ないんですから。

それと、もうひとつ、セットする回数が減る理由があります。それは、夢のなかにそのままいても、なんともなくなるんです。夢を夢として楽しめるようになるんです。「目が覚めてもよし、眠ってもよし」になるんです。

本当は、「よし」さえもないんですけどね。そこには何の縛りも、何のひっかかりもありません。

268

願いなどがかなったりして、欲求が消えたほんの一瞬、私たちは、「根源」に戻ります。それが喜びとして現れます。そのとき、私たちは、本来の喜びに触れているんです。

269

お勉強をすすめていくなかで、「思考のなかの世界」と「体が感じる世界」という、ふたつの別々の世界があるように感じることがあるかもしれません。あっちとこっちを行ったり来たりしているような感覚が現れるかもしれません。

そのときは、それをあれこれ考える必要はありません。今はそのままでだいじょぶです。そう「思えている」だけです。

実際には、あなたは、行ったり来たりなどしていません。そのとき、そのときに現れている「思考」が変わるだけです。あなたは一歩も動いていません。お勉強がもっとすすみ、「事実」がはっきりと見えてきたときに、ふたつの別々の世界はないということがわかります。どちらかが消えるのではありません。すべてを飲み込むひとつの世界しかないことがわかります。

270

どこにも切れ目のない「今」が、ずーっとつづいています。一瞬前の「今」と、一〇秒たってからの「今」のあいだに、どこにも切れ目はありません。
でも、見えるもの、聞こえるもの、感じるものは、いつのまにか切り替わります。一瞬前の「今」がきれいさっぱり消えて、どこにもありません。このおかげで、私たちはちゃんと生活ができているんです。

271

「苦しみ」は、「思考」です。「苦しい、つらい」から離れるために、過去をほじくり返したり、「自分を変える」とか、考え方を変えるなどということでは、いくら時間があっても足りないでしょう。

もっとシンプルにいきましょう。「思考」から離れることです。一度きっちり離れた感覚を得たとき、「苦しみ」の見え方がガラッと変わります。

実際には、「離れる」ということではなくて、「思考」のない場所に触れるということです。

272

「静寂」まで届いていない「気づきのようなもの」は、どれだけ素晴らしい感動のようなものがあっても、消えていきます。日々起きるゴタゴタにかき消されてしまいます。

けれども、一度現れた「静寂」は、けっしてなくなることはありません。いつもそこにあります。

太陽と同じです。雲に覆われて見えなくなったからといって、「太陽がなくなった」とは思いませんよね。雨が降ろうが、雪が降ろうが、台風が来ようが、太陽のその絶対的な存在が消えることはありません。それが「気づき」です。

273

あらゆるものが何もない空間に現れては消えていきます。

モノが現れては消えていきます。「思考」も現れては消えていきます。「記憶」も現れては消えていきます。現れる瞬間もわからず、消える瞬間もわかりません。これが私たちの活動のようすです。

274

「考えるから苦しくなるんですよ」と、どれだけ言われてもやめられない。途切れることなく現れる考えに支配されたまま一日を過ごす。

どうしてこれが止まらないのかといいますと、別の〝もっといい場所〟があると「思っている」からですね。そこと比べて、今いる場所がなんとみすぼらしいことか、なんとひどい場所なのかと「考える」わけです。そして、自分がどれだけひどい状況にいるかを「考える」わけです。

さらに、その〝今より素晴らしい場所〟に行く方法を「考える」わけです。でも、行けない。行く方法が見つからない。「もしかしたら、これか⁉」と思えるようなものがあってもうまくいかない。こうして、苦しみはつづいていきます。

その「考えの列車」から今すぐ降りてください。

今、あなたの前に現れていることがすべてです。それなのに、もっとほかにあると「考える」んですね。ないんですよ。これしかないんです。

これを頭でわかろうとすると、また「考え」のなかに入っていきます。どうしたら「これしかない」ってわかるんだろうというふうに。

「考え」から出られないんですね。それがずーっとつづいているんですよ。そこに気づいてほしいんです。

275

世界のすべては、あなたの五感の活動によって、あなたのなかに現れています。世界があなたの「外側」にあるのではありません。

あなたの「外側」に存在できるものは何ひとつありません。あなたの「外側」というものは存在しません。あなたの世界がどこまでもつづいています。「ここまでがあなたの世界で、ここからはあなたの外側になります」などということはないんです。あなたの世界しか存在しません。ほかの人の世界？　ありません。飼っているワンちゃんの世界？　ありません。

276

「五感」に注意を向けようとすると、最初のうちは、どうしても訓練のようになります。それは仕方のないことです。

けれども、そのうちに、注意を向ける必要などないということがわかってきます。なぜなら、「五感」はただそこにあり、自分の方から感じ取ろうとするまでもなく、気がついたときには、先に現れていることがわかってくるからです。それが私たちの生きている本来のようすであり、自然な姿です。

注意を向けているあいだは、「事実」を「思考」で〝あと追い〟していることになります。「五感」が「五感」として、〝ただある〟ということが見えてくると、このお勉強の本当の意味がわかってきて、さらに楽しくなってきますよ。

277

つらいとき、苦しいときにこそ、そばにいてくれるのが本当の友だちでしょう。苦しくなったらいなくなってしまうような友だちは、本当の友だちとは言えませんよね。苦しいときにこそ、本当の友だちがわかります。

気づきのようなものもまったく同じです。宇宙とつながった、ひとつになったという感覚に出会ったとしても、本当に苦しいときに姿を見せてくれない気づき〝らしきもの〟は、当てになどできませんよね。

どんなことがあろうと、静かにいつもそこにいてくれるものこそが、信頼に値する気づきです。

278

今、この場に答えがあるのに、どこかに探しに出かければ、答えから離れるばかりです。それをさせるのが、「思考」です。この場にしかいられない「体」に目を向けてください。

279

「思考」のなかに現れたことを、私たちは「現実」だと思い込みます。そして、振りまわされます。不安になったり、後悔したり、怒ったり。

誰かに嫌なことを言われて、「あのヤロー！」と思うことを現実だと勘違いします。

そういう「思考」が「頭」のなかに現れただけなのに。

でも、この話をすると、多くのみなさんは、こんなふうに言います。

「思考のなかで起きているだけって言われても、現実にしか思えません」と。

そうですよね。わからなくもありません。生まれてからずっとそのように過ごしてきたんですからね。

でも、考えてみてください。「思考」が「現実」だと言うなら、お腹が減ったとき、「思考」のなかでお腹いっぱいになればそれで済みますか？　「思考」のなかでおいしいものを食べることを想像すればそれで満足できますか？

宅配ピザのチラシを眺めて、口いっぱいにほおばるところを想像してみましょう。

どうでしょう？　何か変化がありましたか？　つばがたくさん出たかもしれません。

でも、お腹は膨らみませんよね？

「思考」は、どこまでいっても「思考」です。

280

ノンデュアリティのメッセージを言葉で受け取るのは、交響楽の譜面を、バイオリン、チェロ、クラリネット、トランペット、ティンパニーほか、それぞれのパートごとの譜面を渡されるようなものだと思ってください。

譜面から音をイメージできないあなたにしてみると、音符が書いてある紙にすぎません。つまらないものです。

いくらかお勉強がすすむと、それぞれのパートのメロディがイメージできるようになります。自分で少しだけ演奏できるようになっているかもしれません。こうなると少しおもしろくなってきます。でも、本当の素晴らしさはまだわかりません。想像するだけです。

本当の素晴らしさがわかるのは、ぜんぶの楽器がそろって一度に演奏されたときです。譜面では想像もつかなかったような素晴らしさを体験するんです。

このお勉強も、受け取ったたくさんのメッセージがバラバラに、あなたの「頭のなか」にあるあいだはピンと来ません。

それが、言葉ではなく、あなたのなかでひとつになって溶けたときに、本当の姿がわかるんです。

281

どのようなことが起きても、誰のせいでもありません。「個人」というものがあって、その誰かが何かをしているということはありません。

どうしても誰かのせいにしたいのなら、「根源」のせいにするしかありません。けれども、「根源」は、「個人」の都合など知りません。かまってなどくれません。話など聞いてくれやしません。

これが本当にわかって、いい意味でのあきらめが起きたとき、今まで見えなかったものが、すーっと見えてくるんです。

282

「真理」は、本当に当たり前すぎることです。びっくりするほど当たり前のことなんです。それが「真理」だなどと誰も思わないようなことなんです。それを「真理」だと気づけることが、「気づき」です。

はるか遠い場所にあるものだとか、自分には手の届かないものだといった「思考＝事実ではないもの」が、「真理」を見えにくくしています。

「真理」は、生まれたときから、ずーっといっしょに過ごしている自分の体の活動のなかに、いつもはっきり現れているんですよ。

目を開いたとたんに世界が自分のなかに映し出される、そんな当たり前のことのなかに「真理」はあります。

283

たとえば、学校の先生になる人は、そうなる思考が浮かび、それに応じた行動が現れます。私たちは生まれたときにどうなるかがすべて決まっていて、それに向かっていく思考や行動が現れてきます。

将来、オリンピックで金メダルを取る人には、そうなるように思考や行動が現れていきます。それに必要な努力が現れるんです。金メダルを取るなど思いもしたことのない者からしてみれば、とても考えられないような努力を彼らはやってのけます。それは、そうなることが決まっているから、努力も忍耐もそのように現れるんです。行く先が決まっているんです。

でも、私たちには、何がどのように決まっているかが、どうやってもわかりません。誰にもわかりません。だからおもしろいんです。

284

映画やドラマの登場人物たちが、いかに「思考」に振りまわされているかを見てみてください。おもしろいですよ。

285

「五感」とのつき合いが深まってくると、思考がわさわさ噴き出しているときでも、感情が収まらないときでさえも、その奥に、「静寂」があることがわかるようになります。

むずかしそうですか？　いえいえ、ちょっとしたきっかけですよ。なぜなら、この「静寂」は、私たちがつねに触れていて、絶対に離れることのできないものなんですから。

見逃しているだけです。あるとき、ふっと現れます。そのとき、あなたはこんなふうに思うでしょう。

「えっ……、こんなことなの……?」と。

そうなんです、そんなことなんです。そして、それは、あなたがずっと知っていた感覚なんですよ。

286

私たちのこの「体」の活動は、人の考えで成り立っているところは、何ひとつありません。生まれたときから、人の考えなど何ひとつつなしに活動しています。

私たちは大自然とまったく同じ活動をしています。それは当然のことなんです。なぜなら、私たちも大自然の一部だからです。

そのようすに触れてください。それを自分でたしかめてください。

287

あなたが今、現実のように感じているその「苦しさ」は、苦しいと思っている「思考」が、現れているだけです。「思考」の上に「思考」が重なって、「思考」が「思考」を呼び、さらに「思考」が重なっているんです。

どこまでいっても、ただその「思考」が現れているだけです。それが延々とつづいているんです。その「思考」の連鎖に気づいてください。

そのために最初のうちは、「観察」というものが必要になってきます。けれども、それをつづけていくと、やがて、「観察」という行為そのものが消えます。観察をしている「自分」というものが、どこにもないことに気づきます。「自分が見ている」という感覚がないことに気づきます。

そのときに、「苦しいと思い込んでいる思考」だけが、そこにあるということがはっきりとわかるんです。

288

「思考」が現れること自体は、じつは何も問題ではありません。問題になるのは、「思考」をつかまえて、いいとか悪いとかがはじまることです。

どのような「思考」が現れても、それに巻き込まれずに、ただ「事実」のままにあることができれば、それを「つかむ」ということが起きず、そこに問題は現れません。

このように言うこともできます。「思考」の中身は「事実」ではないということです。「思考」は、実際には、何の力ももっていません。

それと、もうひとつは、「思考」が「自分に向かって現れている」という思い込みです。ここに問題が現れます。自分という器があって、そこに現れているという勘違いが問題を起こしているんです。そうではありません。ただ現れているんです。

「思考」が織りなす世界は、「事実」から見るとゲームのようなものです。ゲームに振りまわされるのではなく、楽しんでください。それには、一度、「事実」を見極める必要があります。

289

「事実」は、その瞬間その瞬間に現れては消えていきます。あと腐れなく消えていきます。

「事実」が現れたその瞬間、それは文句のつけようもなく完璧です。それしか起こりえないことが、それしかないタイミングで、そのように起こります。

多くのみなさんが嫌な感情が離れないと言いますが、それは、人があとからくっつけた「考え」です。「事実」は、ただそういう「思考」がわきあがっただけで、何の問題もなく現れて、何の問題もなく消えていきます。本当にスッキリしたものなんです。

そこに目を向けさえすれば、私たちは何も悩むことなどなく生きていくことができます。その瞬間その瞬間にわきあがった現れそのままに〝ただある〟だけです。

その「事実」のままに、ただそのようにあればいいのに、人は、これは嫌だ、あれは嫌だ、これは受け入れられないと言って抵抗するわけです。

なぜ抵抗するのかというと、自分で変えられると思っているからなんですね。だから、あきらめられなくて、いつまでもネチネチ粘るわけです。

「事実」をきちっと見て、自分でどうにかできるようなことではないんだということに気づいてください。そのように起きなくてはいけないことが起きています。逆に、起きないことは、何をどうやったって起きません。本当にシンプルです。

そういう世界のなかで、本来の私たちは、風に舞う羽根のように生かされているんです。それなのに、飛ばされたらいけないと勘違いして、何かにしがみつこうとするから苦しくなるんです。

290

「分離」などという言葉を知って、言葉遊びをするのはやめましょうね。「分離しているからどうしたこうした」などというのは考えても何の意味もありません。

さらにそこに、「自我」やら、「なんとか意識」などというものをもち出してきたら、もうお勉強になどなりません。このお勉強は、学問ではありません。

そんなことは放っておいて、今、この瞬間に現れている自分の〝生《なま》〟の活動を感じてください。それだけですべてがわかります。必要なのは、「自分の〝生〟の活動を見る力」だけです。

291

「成功と幸せは別だよ」というセリフ。みなさんもよく聞くでしょう。けれども、これを「本当にそうだよね」と本心から言える人は多くありません。

成功をあきらめた人の負け惜しみのようにとらえる人もいるでしょう。成功者の自慢話のように聞こえる人もいるかもしれません。

いずれにしても、ふつうは、「まあ、そうなのかもしれないけど現実には……」という感覚ではないでしょうか。

このみなさんの「まあ、そうなのかもしれないけど……」が、「なるほど、もしかしたらそうかもしれない」、そして、「ああ、ほんとだ、たしかにそうだわ」というふうに変わっていくためには、「事実」を見定めるということが必要です。

「事実」とは「五感」の現れのことです。「五感」があなたの世界のすべてをつくっています。「五感」がすべてを教えてくれます。「思考」は、大事なことは何も教えてくれません。反対に、迷いのなかに引きずり込もうとするばかりです。

いつも「根源」と一体になって活動している「五感」と向き合っていくことです。立ちあがったら、見える景色が変わるということを、実際に立ちあがって、自分の目で、自分の感覚でたしかめてください。そうしていくうちに、あるとき、「ああ、たしかにそうだわ」という感覚がわきあがるんです。

292

モノに触れるとき、私たちは、ただそのとおりに感じるということがなかなかできません。好きだとか、嫌いだとか、きれいだとか、きたないといったものがくっついてきます。ここに〝問題らしきもの〟が現れるわけです。

これをどうこうしなさい、ということではありません。大事なことは、いいとか悪いとかがくっついている〝それ〟も、ただ現れているということなんです。ただそれがあるだけです。これが私たちの生きているようすです。

このようすのなかに、「自分」などというものは現れようがありません。よおーく見たらわかります。ただそのようすがあるだけ。そこに現れた「感覚」があるだけです。ほかには何もありません。

私たちは、いつもそうなっています。そこに気づければ、ずっと背負ってきた大きな荷物が勝手に消えるんです。

293

「いつも気づきの状態でいるには、どうしたらいいのでしょうか？」という質問をお受けすることがありますが、ちょっと思い違いがあります。

気づきというものは、一度、現れるとなくなりません。自分でそれを維持しようとするようなものではありません。

たとえば、あなたが泳げなくて、プールで水に顔をつけることさえ怖かったとします。これが気づきのない状態です。

ある日、突然、怖くなくなったとします。それどころか、楽しくて仕方なくなったとします。

このときに、水が怖かったときのあなたに戻れるでしょうか？　戻れませんよね。そうかといって、自分はもう水が怖くないということを、いつも考えて生活するわけではありませんよね。でも、自分はもう水が怖くないことがわかっていて、そこに疑問がわくことはありません。

その「状態」ではなくて、いつも根底にあるもの、それが気づきです。

294

世界中の誰もが、自分の都合のいいように自分を変えようとします。こうありたいと。

自分の都合のいいように他人を変えようとします。こうあるべきだと。

これが、自分にも他人にも苦しみを与えているということに気づいてください。

295

「根源」は、私たちのすべてを知っている？　いいえ、知りません。「根源」は「個」の活動を知りません。

海を例にして言われることがよくありますね。海面に現れるひとつひとつの波の現れや消滅を、海全体が気にとめることはありません。海自身は何もしていません。海は、海として、ただあるだけです。「根源」もまったく同じです。

ですから、「根源」が「個」に対して、手を差し伸べるとか、救いをもたらしてくれるということはありません。これを冷たいと感じますか？

とんでもありません。触れたらわかります。とてつもないやさしさをそこに感じるんです。いつも見守ってくれているようなやさしさではありません。何かあったら助けてくれるようなやさしさでもありません。ずっと変わりなくそこにいてくれる、いつでもそこに戻ればいいという大きな安心のようなものを与えてくれるやさしさです。

そして、それは、じつは、あなたが知っている感覚なんです。かつてどこかで触れたことのある何かだと感じるはずです。これは当然のことです。だって、ずーっとあなたのすぐそばにあったものなんですから。

296

私であって私でない大きな大きな感覚。二元も二元でないものも、ぜんぶ丸ごと飲み込んでいる存在。

どれだけ探しても見つからなかったそれが、「思考」を相手にしなくなることで、すっと姿を現します。「事実＝感覚」だけに触れていくことで、さらりと現れます。あっけないほどに。

297

外に出て、身近にある自然の活動に触れてください。木、花、草、土、太陽、風、雨……。その今のようすに触れてください。自然から何を感じるか、自分でたしかめてみてください。

298

考えれば考えるほど、頭を使えば使うほどわからなくなりますよ、このお勉強は。

299

今、つらい状況にある方は、今、あなたがわかっていることに目を向けてください。それはなんでしょう?

それは、「つらいと思っていることをわかっている」ということです。その「思考」が現れていることを、ちゃんとわかっています。そして、つらいというのは、「思考」だということもわかっているはずです。

「思考」が現れているということに気づいていることが重要なんです。そこを見ないで、つらいことの「中身」を見はじめると、それをなくしたい、消したいという方向に考えが走り出します。そして、その方法を探しはじめてしまいます。それが起きてしまった理由を探しはじめてしまいます。

もし、それらしい答えを見つけたとしても、結局は、自分を責めるか、身近な人を責めるか、他人を責めるか、境遇を責めるかという〝責める対象〟が変わるだけです。つらさはなくなりません。

このお勉強は、つらいことの「中身」を見て、それをどうこうしようとすることではありません。今、あなたがわかっていることに目を向けることです。今、あなたがわかっていることを、よりはっきりさせることです。それがこのお勉強です。

本当は、誰もがちゃんと気づいています。気づいていない人はいません。そこが見落とされています。

「そんなこと当たり前じゃないか」と思っている人もいますよね。だから、ずーっと言っているじゃないですか、気づきなどというものは「当たり前すぎるほど当たり前のこと」なんですよと。

その当たり前のことを、「当たり前なんかじゃなかった」と気づくことが「気づき」なんです。

300

あなたがふだんしている何でもない行動、ふだん話している言葉、すべてが「根源」の活動の現れです。あなたという「個人」が自分の意思でおこなっているのではありません。

301

現れた感情をそのつど「切り捨てる」というのは違います。まずは、「感情がわいているなあ」と気づくことです。捨てようという働きかけをしないことです。ただ「自覚」をするだけです。

やがて、その「自覚」も消えていくでしょう。「自覚」も現れの〝あと追い〟なんです。そこに気づけると、感情が現れたその瞬間があるだけで、「自覚」したときには、過去の遺物になっているということがはっきりとわかるでしょう。「切り捨てる」も何もないということがわかるでしょう。

302

「事業をはじめよう」と思ったとき、わきあがってくる考えや行動の中身をあなたが選ぶことはできません。

そこにあなたの意思はなく、すべてがそうあるべきように現れます。どういう方法をとるのか、いつからはじめるのか、どのくらいの努力をするのか、命をかけるのか、やってみてうまくいかなかったら早めにあきらめるのか、人に協力を求めるのか、自分ひとりでやるのか、借金はいくらまでするのか、親戚中を走りまわってでも資金を調達するのか、銀行から借りるのか、国から借りるのか。

そこに現れてくる思考や行動は、何億とおりにもおよぶでしょう。もっとあるかもしれません。それをあなたが選ぶことはしていません。

あなたには自分で選んでいるという感覚があると思います。それがまちがっているということではありません。「個」の上にはそのように映ります。

けれども、「事実」では、それしか起こりえない選択が、そのとおりに現れているだけです。

303

「体の感覚」という誰もが触れることのできる「小さい事実」に触れていくことによっ

て、あるとき、ちょっとしたことがきっかけになって、多くのみなさんが望んでいる「ひとつ上の事実」が姿を現すんです。

304

私がみなさんに、「深刻になるようなことは何も起きていません」と言うとき、みなさんに、「そう思いなさい」と言っているのではありません。

あくまでも、「事実」はそうなっているんですよ、ということをお伝えしているだけです。「考え」でどうこうしようとするのは違います。

305

今日は一日オフィスで書類作成の予定。そんな日に、突然、激しい雨が降ってきたとします。「おおー、すごい雨だな」という思考が自然に現れるでしょう。でも、このとき、そこに「自分」などというものは現れていないはずです。

ところが、これが営業で外まわりの途中だったり、ベランダに洗濯物を干しっぱなしだったことを思い出したりすると、とたんに「自分に起きた」となるんです。

でも、「事実」は、別にあなたに向かって起きているのではありません。それがただ起きただけです。

人は、自分の思うようにいかなくて苦しくなると、「自分に起きた」と考えはじめます。こんな嫌なことが「自分に起きた」、あんな嫌なことが「自分に起きた」「なんで自分にばっかり」という具合に、「自分」というものが出てくるんですね。

「自分に起きた」は、「思考」のなかにあるということに気づいてください。「事実」

のなかにはありません。「自分に起きた」という考えが現れる前は、ずっと「自分」はいなかったはずです。

306

大事なのは、今、この文字をちゃんと読んでいるということです。今、見えているものだけが存在しています。その現れだけがあります。ほかに何もありません。それが「生きている」ということなんですよ。

307

思考にまみれたり、今が嫌で嫌で仕方がなかったり、イライラしたり、深刻になっていたりするなかで、そんな状態を、「ノンデュアリティ的じゃない」などと思っている人がいるかもしれません。けれども、それは違います。

あなたが何を思おうが、あなたが何をしていようが、どんな状態にあろうが、あなたが生きているそのようすのすべてがノンデュアリティなんです。「ふたつではない」ようすです。人が生きているかぎり、離れようと思っても離れることのできないものです。

ですから、あなたが「ノンデュアリティ的」ではないなどということは絶対にありえません。

言い方を変えると、あなたは「根源」から離れたことがありません。世のなかのできごとに吹き飛ばされそうになっていても、どんなに大きな不安に襲われていようとも、困ったことが起きても、すべては、それが表面的に起きているように見えるだけで、あなたが「根源」とぴったり一致して、大きな安心とともにいることに変わりはありません。

「ノンデュアリティ的」ではないという発想は、「ノンデュアリティ」というものを概念でつくりあげて、それと比べてああだこうだと言っているだけです。
このお勉強は、そのような「概念」がなくなった状態を実感するためのお勉強です。

308

「対象ではない」という感覚が現れたとき、私たちは「根源」に戻っています。
また、「対象」となる何かへの期待や欲求が現れていないとき、私たちは「根源」に戻っています。それを忘れないでください。

309

苦しいのは、何かを得ようとしているからであり、別の何かを探しているからだということも、なんとなくわかってきている。何も求めないことが幸せと直結していることもわかってきている。だからといって、希望や期待といったものを修行のように〝がんばって捨てる〟というのが違うということも「頭」ではわかってきている。

でも、腹に落ちない。お勉強をはじめた多くの人が、そんな状態にいます。

あせらないで「事実」に触れてください。「五感」に触れてください。今のようすに触れてください。本当にそれだけですべてが見えてきます。

むずかしいことなど何もありません。これは、あなたの自然な姿に触れることなんですから。そこに戻るだけです。

310

「あのとき、もし、ああしていれば……」と思うことがありますよね。

でも、そうなることは決まっていたことです。「ああしていれば……」は、ありえないことなんです。すべてが、あなたがそれを選ぶように動いていたんです。

自分が行為をしている、自分が決めているという勘違いから、このような後悔が生まれます。あなたは、何もしていません。すべてが「根源」の活動です。もちろん、今、あなたの前に現れているその後悔も「根源」の活動です。

また、こんなことも言えます。自分に対して、「もし、ああしていれば……」という思考が現れなくなってくると、他人も同じように見ることができるようになります。これによって、あなたも、まわりの人も楽になるんです。

誰ひとりとして、「自分で」それをやっていないということを思い出してください。すべてが「根源」の活動です。「自分」や「誰か」がそれをやっているというまちがった思い込みが、憎悪や嫌悪を引き起こし、自分にも他人にも苦しみを与えているということに気づいてください。

311

何度でも言いますが、このお勉強は、「頭」ではどうにもなりません。今そこに現れていること以外に何もないということを〝実感として〟つかむしかありません。「ああ、ほんとにこれしかないいんだ」と実感するしかありません。その答えは、どこにあるのでしょうか？

「知識」のなかでしょうか？　そうではありませんね。答えは、あなたのなかにしかないんです。あなたのなかというのは、要は「五感」です。

「五感」はつねに〝これしかない現れ〟と一体です。ぴったり一致して活動しています。それを実感することです。答えのある場所に戻ってください。

312

多くのみなさんが大騒ぎする「自我」などというものは、「事実」にはありません。どうでもいい「ただの思考」に「自我」などという名前をつけているだけです。

「自我」とか「エゴ」と呼ばれるものは、何か特別なものなどではなくて、ポコッとわき出てくる「思考」のひとつにすぎません。「ああ、おなかが減ったなあ」という思考と何の変わりもないんです。「ああ、おなかが減ったなあ」は、ただの「ああ、おなかが減ったなあ」であり、〝名前のないただの思考〟です。

頭のなかに「自我」というラベルを貼った収納ボックスをつくって、ポコッと現れた〝どうでもいい思考〟を、「これは自我である」と言って、放り込んでいるだけなんですね。「知識」で遊んでいるだけです。

「自我」とか、「自我意識」だとか、そういった〝学問でつくられた〟ものを引っぱり出してくるのはやめましょう。このお勉強は、〝つくりものではない〟ものと向き合うお勉強なんですから。

313

戻るべき場所に戻ったとき、あなたは、「なんだ、むかしからずっとここにいたじゃん」「何もする必要なんてなかったんじゃん」と思うでしょう。

では、最初から何もしなくてよかったのかというと、それは違うんです。

人は、一度、遠まわりをしてこないと、それがわからないんです。一度、じたばたしないと、それがわからないんです。だから、遠まわりをしていいんです。じたばたしていいんです。それが『バタ足』なんです。

314

水を飲もうとしたとき、じつはその考えが起きる前に、動作はすでにはじまっています。

体が先に動きはじめていて、それを私たちはあとから認識しているんです。動作は、私たちが気づくより先に起きています。不思議なことですね。でも、よおーく見るとそのようになっていることがわかります。私たちの思考よりも前に動作がはじまっているんですから、私たちがそれを選んでやっているのではなくて、それが自動で起きているということなんです。

そして、そのすべてが、その直前（とはかぎりませんが）に起きたことが原因となって現れます。

水を飲む動作ならば、その直前に、たとえば、「のどが渇いた」という「事実」があって、それが原因となって、水を飲むという動作につながりました。

そして、その「のどが渇いた」という「事実」は、さらに前の何らかの原因によって現れています。さらにその前、さらにその前という具合に、どこまでもさかのぼってつづいています。どこからはじまったかをたどることはできません。生まれる前にまでさかのぼります。たどりようがないんです。

これを見ていくと、水を飲むという動作でさえ、生まれる前から決まっていたことで、それしかないタイミングで、それしかないかたちで、そこに現れていることがわかります。

すべてが自動であり、連鎖は完璧です。私たちが何かを差しはさむ余地などどこにもありません。

自分でやっていると思い込んでいることのすべてが、それが起きるためのそれしかない要因があって、それが現れているんです。

315

あらやだ！ わたし、また「変えようと」してたわ。

316

いつも私たちは、「考える」などということなしに、つぎつぎに目の前に現れる現象とぴったり一致して活動をしています。

以前、こんな光景を目にしました。わかりやすい例なのでお話しします。

近所のスーパーでの光景です。二階建ての大型スーパーのエレベーターのなかで、小さな女の子がお父さんの手にぶら下がるようにして甘えながら、「ねえ、パパ、パパ、パパってば、あのね、あのね」と、大きな声で話しかけています。

つぎの瞬間、エレベーターのなかに、そのスーパーのテーマ曲らしき曲が流れました。すると、その子は、とたんにその歌をいっしょに歌い出しました。いつも聞いていておぼえてしまっていたのでしょう。その子のなかは、一瞬で「パパ」から「スーパーのテーマ曲」に変わりました。

そして、エレベーターのドアが開いたとたん、飛び出していき、お菓子の棚にまっしぐら。一瞬で、「お菓子」になりました。

よおーく感じてみてください。自分がつぎつぎに、とどまることなく、いろいろなものに変化していくようすが見えてくるはずです。私たちは、つねに目の前に現れるそのものになって活動しています。人の考えなど差しはさまる余地のない活動です。これが、私たちが生きているようすです。

317

「思考の中身」には関わらないことです。目を向けるのは、「思考」が〝現れている〟という活動のようすです。その活動自体に、いいとか悪いとかはありません。淡々とした活動があるだけです。その活動自体には何の問題もありません。

「嫌な思考が現れていて苦しいのに、そんなこと言われても……」という思いが現れるかもしれしれません。それは、「思考」の「中身」に関わっているから起きるんです。

318

人はなんでもかんでも「比べる」ことが大好きですね。あなたと私、あの人の境遇と私の境遇、過去の自分と今の自分、あのときのあの人と今のあの人、あれとこれ、そっちとこっち。

この「比べる」ということが薄まれば薄まるほど、人は楽になれるんですけどね。

319

時間のあるときに、ちょっと外に出て自然に触れてみてください。お寺や神社の木や、公園の芝生や、道端に咲いている花。日の光。日かげの涼しい風。においや色、感触を味わってみてください。

雲を眺めるとかもいいですね。ゆっくりかたちを変えながら動いていく雲。あなたがこれまで生きてきて、はじめて見るかたちの雲のはずです。似たようなかたちはあったかもしれません。

でも、まったく同じものはなかったはずです。これから先の一生でも、今、見えている雲と同じ雲は絶対に現れません。

何十年生きてこようと、どれだけ空を見あげようと、今この瞬間しかめぐり会えない雲に、今、めぐり会っています。

風、温度、湿度、あらゆる条件が完璧にそろって現れた雲が、今しかないこのときに、あなたのなかに完璧に映し出されています。今この瞬間と同じ瞬間は、二度と現れません。

そう思っているあいだにも、五秒前とまったく同じ雲は、もうどこにも存在していません。そんなことを感じてみてください。

320

何か大きな問題に直面したとき、「もうどうでもいいや」という「思考」が現れるのか、「こんなことで負けてたまるか」という「思考」が現れるのか、そして、どのような行動が現れてくるのか、それを私たちは選ぶことができないんです。

321

記憶に残るような素晴らしい体験こそが、幸福だと多くの人が思っています。

でも、じつはそうではありません。記憶に残りもせずに過ぎていくそれ自体がじつは本当の幸福です。つまり、自分が今、幸福であると思いもしないときが、それなんです。

では、人はそれを体験することができないのでしょうか？

いいえ、そうではありません。できます。それが「個の自分」ではない「大きな自分」の体験です。

322

「すべてはただの思考である」ということに気づくことや、「すべては自分のなかに映った印象である」ということに気づくことは、コツコツとお勉強をつづけていれば必ず見えてきます。最初はわからなくても、つづけていれば必ず見えてきます。だって、自分のことなんですから。

それには簡単なことからはじめてください。むずかしいことからはじめたら、誰だってうまくはいきません。

立ちあがったら、座っていた自分はもう存在しないとか、音があなたの意思とは関係なく勝手に入ってきているといったことを実感してください。実際にやってみてください。

323

「人は自分で何も決めていない」という「事実」を知らないために、他人の言動に腹が立つんです。「なんであんなことを！」と思うんです。

324

「根源に戻る」というのは、建物でいえば、「土台」として〝在る〟ということです。飾りっ気も何もない、ただ頑丈なだけのコンクリートの土台。でも、何があってもゆらぐことがありません。それが建物をしっかり支えます。

一度、この「土台」が築かれると、そこからくる安心感や、満たされている感覚によって、今、目の前に現れているもの以外のものを求める欲求が自然と影を潜めます。

まずは、〝土台〟を築くことです。それには、二元の世界で「自分の都合」を満たすことに溺れていては、なかなかうまくはいきません。

欲求は現れるでしょう。でも、お勉強をはじめた最初のうちは、あえてそれを取りあげないことです。しばらくのあいだ、自分からは関わらないようにすることです。必ず見えてくるものがあります。

325

苦しくなるのは、「事実」を見失ったときです。「事実」から離れたときです。とてもシンプルなことです。

怒り、苦しみ、嫌だ、つらい、モヤモヤ、不安、後悔、悲しみ……。こういった思考が現れたら、思い出してください。「今、自分は事実から離れているのだ」と。

怒りや苦しみをどうこうするのはむずかしくても、自分が「事実」から離れていると思い出すのは、むずかしいことではないはずです。

そのときに、自分のなかに何が現れているかを見てください。感じてください。そして、それを楽しんでください。

326

この世のなかのすべてが、ひとつのとてつもなく大きなアナログ時計の中身だと思ってください。

あらゆる部品が一糸乱れずに活動しています。何兆か何千兆か、もっとたくさんなのかわかりませんけれども、そのたったひとつの歯車さえ勝手な動きなどしていません。

歯車は、自分では何ひとつしていません。隣の歯車が動くそのようすに合わせて動いているだけです。すべての部品が、そうあるべきように静かに活動しています。そして、チクタク、チクタクと時を刻んでいきます。

その動きをコントロールしている存在はありません。いかなる者の意思も存在しません。そのようすがあるだけです。

私たちが生きているようすもまったく同じです。環境に反応し、そのつど、そのつど、それしかありえない活動をしています。「何かのために」という「対象」を前提にした活動はしていません。「根源」そのものとして、ただ現れるがままに活動しているだけです。

ここに「個」の活動はありません。「個」としての活動のように見えるのは、それぞれの体が「役割」をもっているからです。その「役割」のままにすべてが現れていきます。

このお話をしたときに、「なんだか夢も何もない、つまらない」と思ってしまう人がたくさんいます。言葉だけを聞いて頭で考えると、そうなってしまうんです。でも、これを本当に実感すると、まったく違うということがわかります。

自分がまわりと一体になって活動していること、そして、じつは自分が、大きな時計そのものであるということを知ったとき、そこにゆるぎない平和が現れます。

そのとき、すべてがゲームになるんです。そして、現れてくることを存分に楽しめるようになるんです。

327

ある日、誰かに、「目の前にあることを、目的を考えず、結果を期待せず、自分などというものなしで、誰のためにでもなく、ただやりなさい」などと言われたら、「聖人じゃあるまいし、そんなことは無理です」と言いたくなりますよね。

でも、本来の私たちは、生まれたときからずーっとそうやってきているんですよ。

328

今このときに、あなたが、その服装で、それしかない気持ちの状態で、その姿勢で、その場所で、この本を読んでいることは、あなたが「体」をもってこの世に出てきたときには、もう決まっていたことです。

あなたがこれまでに経験したことすべてが決まっていたことです。決まった道を歩いてきて、あなたは、今そこにいます。

これから先に起きることもすべてが決まっています。もしあなたが、「そんな決まった道なんてごめんだ、自分の力で変えてやる！」と思い立って行動に出たとしても、それもそうなるように決まっていたことです。それによって出会う人も、わきあがる思考も、何もかもが決まっています。大きなことは決まっていて、小さなことは決まっていないなどということもありません。

蚊が「ぷーん」と飛んでくることさえ決まっています。完璧に用意された迷いようのない道です。おもしろいですね。

このようにすべてが決まっていても、私たちは、それをいっさい知ることができません。一瞬先に何が起きるのか、何が待っているのかを絶対に知りえないんです。

329

自分の意思で決定し、自分の意思で活動しているという錯覚が、後悔や不安をつくっています。

自分で選んでいる、自分の意思で決めているという感覚は、「個人」が存在しているという「考え方」の上にだけ現れる錯覚です。

330

人が本当に求めているのは、条件によって左右され、やがて消えていく「見せかけの幸せ」ではなくて、「消えることのない幸せ」です。

それは、遠くのどこかからやってくるのでしょうか？　違いますよね。あなたのなかにずっとあって、一度も消えたことなどありません。

それは、私たちがどうやっても離れることのできない「自分の活動」のなかにあります。手の平を見ているときには手の甲は見えない、「事実」はふたつ同時に現れない、木が木のままに見える、空が空のままに見える、家のなかの家具は、見えたその瞬間に現れる、完璧なかたちで現れる、そんな活動に触れていくなかで、あるとき、ふっとわきあがってくるものなんです。

「消えることのない幸せ」は、いつでも日常のなかにあります。生活のあらゆるシーンのなかにあります。今、座っているお尻の感覚のなかにあるんです。当たり前すぎることのなかにあるんです。

今は感じることができなくても、消えることはありませんから、心配しないでお勉強をすすめてください。必ず感じることができるようになります。けっしてむずかしいことではないんです。

331

「思考の世界」から離れる取り組みは、「真実」を見えやすくするためのものであり、「ふたつではないもの」をきっちり見届けるためのものです。

そして同時に、「思考の世界」の本当の姿を知ることでもあります。楽しみながら取り組んでください。

332

あなたが金森将という男を知るまで、あなたのなかに、金森将などという男はどこにも存在していませんでした。

あなたの知らないどこかで金森将が存在していようがいまいが、あなたにとっては、そんなことはいっさい関係のないことでした。あなたにとっては、存在自体がなかったんです。

知った今でも、あなたのなかに金森将が現れていないときは、金森将は存在のしようがありません。あなたの思考のなかに浮かびあがったときに、ふっと現れるだけで、それ以外のとき、金森将という存在はどこにもありません。

ところが、一度知ったり、会ったりすると、自分のなかに映っていないときでも、「金森将はどこかで生きている」と勝手に「考える」わけです。「思考の産物」です。私は私単独で存在していません。あなたの想いや、視覚や聴覚などの感覚とともにしか存在ができないんです。

「事実」をよおーく見てください。あなたのなかに現れていないとき、金森将は存在していません。

あなたが思い浮かべているものは、あなたの思考によって映し出された「イメージ」にすぎません。あなたが見ているものは、あなたの目の働きによって映し出された「感覚」にすぎません。その「イメージ」や「感覚」が消えたら、その存在も丸ごと消えます。

すべてがあなたの感覚です。世界は、一〇〇パーセントあなたの感覚だけでできています。

333

悩みや問題というものは、要するに、「自分の都合」に合わないことです。ですから、

「自分の都合」というものがなければ、悩みや問題は現れないわけです。苦しみも現れないわけです。

「そんな簡単に言われても……」と思うかもしれませんが、私たちが生きている本来のようすには、最初から「自分の都合」が入る隙などどこにもありません。完璧とか言いようのない活動をつづける「根源」とぴったり一致して活動しているんです。

334

現れる「思考」を、私たちは、自分で選ぶことができません。ましてや、「思考」が現れないようにするなどというのは、はなから無理なことです。

現れたものと、どうおつき合いするか、だけです。それは「思考」の中身をあれこれいじくりまわすことではありません。

最初は、考えていることに気づいたら、すっと「体の感覚」に入っていき、粛々と活動しているようすを知ることです。やがて、その奥の静けさを感じることができるでしょう。

すると、あるとき、すべての現れが、自分に向かって起きているのではないということがわかるんです。あるとき、自分がいつも「何も起きていない静寂」のなかにいるということがわかるんです。

335

「根源」から見たとき、あなたと草花は同じです。あなたとテーブルは同じです。「根源」からの現れということに何の違いもありません。たまたまそのようなかたちで現れているだけです。

それなのに、人は「人間だけは違う」などと考えます。自分が何かをしていると「考える」わけです。そして、もっとああしたい、こうしたい、ああじゃない、こうじゃない、あれは嫌だ、これは嫌だと大騒ぎするわけです。

あなたが嫌だろうが何だろうが、どう思おうが、「事実」は、そんなことには関係なくただそのように現れていて、人間もそのなかで生きています。人間だけが特別だなどということはないんです。すべてが同じ命です。

自然に触れると、このことがわかります。動かしがたい活動が脈々とつづいています。いいも悪いもなく、そうあるべきように活動しているようすがそこにあります。そのようすに触れることです。人間も自然の一部だということをぜひ実感してください。

336

多くの人が、考えなしに行動などできないと思い込んでいます。「何も考えなかったら、電車に乗ることだってできませんよ」と言います。

これは、「個の存在」というものがあって、おのおのが自分の意思で活動しているという勘違いから起きています。ですから、「自分が」考えなくては仕事だってできない、「自分が」考えなくては人と話すことだってできない、「自分が」考えなくては、ごはんだってつくれないとしか思えないわけです。

違います。考えなどなしに、すべての行動が起きています。私たちは「根源」そのものとして活動しているんです。気の遠くなるような自動連鎖の結果として、すべての行動が現れています。そこに人間の意思が入り込む余地はありません。自分の意思で行動しているのではありません。私たちがいっさい介在せずに、すべてがちゃんと運ばれています。

337

「すべてが満ち足りている」というのは、〝私たちの都合〟に合わせて「完璧である」

「満ち足りている」ということではありません。

素晴らしい健康体であるとか、お金に困らないとか、人間関係がすべてうまくいくとか、願いがかなうといった〝私たちの都合〟を中心にしたお話ではありません。

「満ち足りている」というのは、それが欠けることなく現れているということです。

音が半分だけ現れるということはなく、ちゃんと現れているということです。木が三分の一だけ現れているということはなく、ちゃんと現れているということです。一万円札がちゃんと一万円札として現れているということです。

体に痛みが現れたら、現れたとおりに痛いと感じることです。膝が痛いはずなのに、頭が痛いなどというのは現れないということです。

仕事で大きなミスをしたら、青ざめるということです。ミスをしたのに、大自然のなかで森林浴をしているような気分は現れないということです。

かぜをひいて熱が出たら、ちゃんと具合がわるくなることが完璧な現れです。かぜをひいているのに、「いつもより一〇倍元気！　パワー全開！」などということは現れません。

手のひらを見てください。その現れに、何か欠けているものがありますか？　完璧に現れているでしょ？　握ってみてください。握ったように完璧に現れているでしょ？　この現れに、何か不足しているものがありますか？　何かほかに必要なものがありますか？　握ったら握ったように、目がそれを完璧に映し出すはずです。しかも、「握ったように見よう」などと思わなくても、自動で、ちゃんと見えるはずです。

このように完璧に現れていることを、「欠けているものがいっさいない、満ち足りている」と言います。すべての現れが、何ひとつ欠けていないんです。

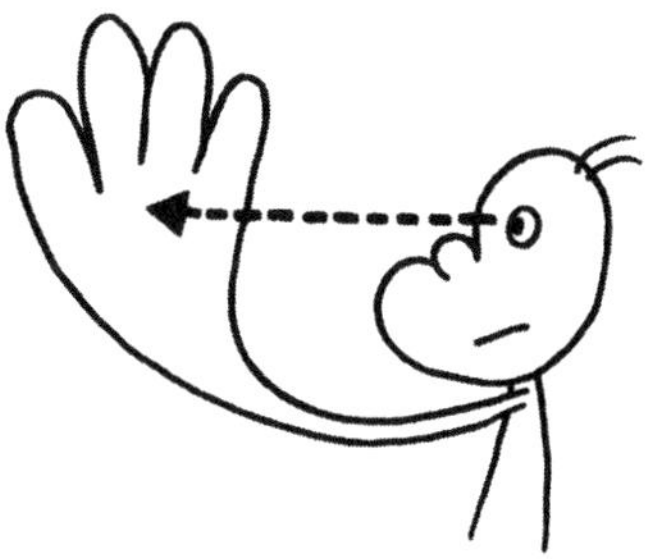

ここで感じる満ち足り感や安心感のようなものは、「根源」に深く触れたときに得られる満ち足り感と同じものです。

例にあげたような、ごく身近な完璧な現れのなかにある満ち足り感を知っておくことによって、見逃しがちな「根源」の感覚に気づけるようになっていくんです。

338

「全自動」の現れは、多くのみなさんが思っている以上の「自動っぷり」です。あいた口がふさがらないほどの「自動っぷり」です。

「ここは自動で、ここは自動ではない」などということではありません。「ここまでは自動ですけど、ここから先はあなた次第です」などということではありません。例外なしの自動です。「全自動」というのは、そういうことです。

それがはっきり見えたとき、あまりに見事すぎて、思わず笑いが出てしまうほどですよ。

339

理屈に学ぶのではありません。目の前に現れたそのことに学ぶんです。現れたそのまんまにつぎつぎに変化していく自分の活動に学ぶんです。

それは、「今」を逃しては学べません。「過去」という「思考」に学ぶのではありません。

お勉強がさらにすすんでくると、今のあなたが、「今」だと思っているものも、すでに終わったものを「思考」がとらえているだけなんだ、ということが見えてきます。「今この瞬間」の本当の意味がわかってきます。

340

「思考」は、「思考」を呼びます。「思考」がどんどん集まってきます。そうやって、どんどん「思考する人」になっていきます。

「判断」は、「判断」を呼びます。「判断」がどんどん集まってきます。そうやって、どんどん「判断する人」になっていきます。

「不安」は、「不安」を呼びます。「不安」がどんどん集まってきます。そうやって、どんどん「不安な人」になっていきます。

同じように、「事実」は「事実」を呼びます。「事実」とつきあっていけば、「事実」がどんどん集まってきます。そうやって、どんどん「事実を知る人」になっていきます。

そして、いつでも感じることのできる「体の感覚」という小さな「事実」が、やがて、大きな「事実」を連れてくるんです。

手のひらを見ているときに、手の甲は見えないという「事実」を深く実感すると、「その瞬間しか存在しない」という「事実」がやってきます。
それが、あるとき、「何も起きていないよ」「誰もいないよ」といった、さらにひとまわり大きな「事実」を連れてくるんです。

341

「生まれたときにすべてが決まっている」という「事実」を、まちがえてとらえないでいただきたいのは、すべてが決まっているから何もできないわけではないですよ、ということです。多くのみなさんが勘違いをしています。

何でもできます。制限はありません。私たちは自由に活動しています。

決まっているからといって、何かに縛られていて、自由にできないというような気配があるでしょうか？　どこにもないはずです。

たとえば、私があなたに、「いっしょに絵を描きましょう」と言ったとします。あなたはどんな絵でも描けます。何の制限もありません。景色でも、人物画でも、抽象画でも何でも自由に描けます。油絵でも水彩画でも墨絵でも鉛筆画でもクレヨン画でもなんでも選べます。

何に描くのかだって何でも選べます。砂浜だってかまいません。広場に描いてもかまいません。

何日かけようとかまいません。五分で描いてもかまいません。一生懸命に描くのか、いいかげんに描くのか、もしかしたら描くことを拒否するのも自由です。決めるのに困ってしまうほどの選択肢が用意されています。

でも、あなたが描く絵は、最初から決まっていた絵が現れるんです。無限の選択肢のなかから、それしかありえない選択がされて、決まっていたことがなされていきます。すべてがそれしかありえない自動連鎖です。

342

「事実」と本当になかよくなっていくと、たくさんの「理屈」が必要なくなってきます。そのときのようすが、ただそのようにあるだけという実感がわきあがってきたとき、「言葉」や「理屈」は溶けてなくなります。

343

「どうしてそんなことをするのか!?」と、誰かに怒りがわくとき、その怒りのもとになっている基準は、あくまでも〝あなたの価値基準〟だということです。あなたの思考のなかの常識だということです。

世界の常識？　一般常識？　それもあなたの思考が「世界の常識だ」「一般常識だ」

と勝手に認めた〝あなたの価値基準〟だということです。
自分の価値基準の枠に相手を押し込めようとしていませんか？　それが苦しみや対立や争いをつくっていることに気づいてください。

344

それしかありえない、手を加えるところのいっさいない、完成されたすべての現れを「完璧」と思えないのは、「私の都合」という思考のフィルターをとおしているからです。

345

道端に咲いているたんぽぽが、自分の意思でそこに生えているでしょうか？　違いますよね？　あらゆる条件が完璧にそろって、ただそこに咲いています。

今、あなたがそこにいるのも、あなたが「体」をもって生まれてきたのも、それとまったく同じです。

たんぽぽと人間が同じだなんて、笑ってしまいますか？　残念ながら、まったく同じなんです。同じ現れです。「根源」からの現れです。根っこでつながっているんです。ですから、このお勉強をしていて、何かがきっかけであなたに「変化」が現れたとします。そのあなたの変化は、あなただけではなく、道端のたんぽぽにも影響がおよぶんですよ。信じられませんか？

346

「体」には、やっかいな問題を起こす「思考」はくっついていません。「体」に「感情」は残りません。

目に映る景色は変わりつづけ、「体」はつぎつぎに反応しながら、そのまんまに活動します。そこには、好きも嫌いも、きれいも汚いもありません。ただその活動があるだけです。

これが、私たちが生きている本来のようすです。私たちは、生まれてからずっと、このように活動しています。

347

グラスが半分だけ現れたりはしません。水を飲むという動作が半分だけ現れるなどということもありません。水を飲んだはずなのに、「ココアになってる！」などということも起きません。水を飲んだら、水を飲んだようすが現れます。そうあるべきことが、そのまんまに現れています。

348

これまでのあなたの人生で、大きな決断をしたときのことを思い浮かべてみてください。

就職先を決めたときでしょうか？　結婚相手を決めたときでしょうか？　家を購入

したときでしょうか？　自分の意思で決めたことがひとつでもあるか思い出してみてください。

家を購入したときなら、物件を決めるとき、不動産屋さんを本当に自分の意思で決めたでしょうか？　オープンハウスに行く日や時間を自分の意思で決めたでしょうか？　違うはずです。あなたの手のおよばない何らかの力が働いてそのようになったはずです。

就職先を決めたときはどうだったでしょうか？　結婚を決めたときはどうだったでしょうか？

よおーく思い出してみてください。何ひとつあなたの意思でおこなわれたものはないはずです。

349

「事実」には、ただひとつの、変わりようのない、完璧な「今のようす」があるだけです。それが途切れることなく、ずーっとつづいています。

350

願望や期待をもつことがよくないことなのか？　というのは、このお勉強をしていると必ず出てくる疑問です。

ひとことで言ってしまえば、「事実」が見えてくるまでは、「よくない」ということになります。

「思考」のない自分の活動を知ろうとしているはずなのに、あらゆる願望や期待は、「思考」ですから、お勉強のじゃまになってしまいます。

そうは言っても、出てくるものは出てきます。願望や期待というものは、ふつう、なくなりません。勝手にあふれ出てきます。

特別な目標や、夢のようなものや、達成したい大きなことなどではなくても、そもそも私たちの思考の活動そのものが、願望と期待でできています。それを、切り捨てなさないとか、楽しんではいけないという無理なことを言っているのではありません。ただ、「事実」がある程度見えてくるまでは、それに振りまわされないようにしてみましょうということです。無理のない程度に、ということです。

ですから、わざわざ思考やイメージや言葉を使って、願いごとをどうこうしようとするようなものに、自分の方から飛び込んでいくようなことは、やめておいたほうがいいでしょう。

願望や期待というものと距離を置くことが、寂しいような気がする人もいるかもしれませんが、心配しないでだいじょうぶです。最初だけです。

お勉強がすすんできたとき、願望や期待というものが魅力的に見えていたのは、「事実」がちゃんと見えていなかったからだということがわかるからです。

そのように過ごしているうちに、あるとき、あなたは、願望や期待の混じっていない純粋な行動だけが現れていることに気づくでしょう。それは、ただただ軽いはずです。軽いということさえ気づかないかもしれません。

そして、あるとき、熟れた果実が枝から自然と落ちるように、純粋な行動に応じた結果が、そうあるべきかたちであなたの前に現れるんです。

351

あなたがつらいと思っている状況は、思考の産物です。多くの人が感じている「状況」は、思考の「中身」であって、それは「事実」ではありません。

けれども、思考が「現れている」というのは「事実」です。現れる必要があるから現れているんです。そのとき現れることが決まっていたから現れたんです。それを「変えたい」というあなたの思いも、現れるべくして現れています。その活動自体には何の問題もありません。

あらゆるものが、まったく問題なく現れています。そのことに気づくことです。現れた思考の「中身」を取りあげて、あれこれ言っていても、きりがありませんよ。

352

世界の平和、遠い国の平和を望むことも素晴らしいことです。あなたのなかにそれが現れるのなら、あなたのやり方でやるべきです。具体的な方法は、数えきれないほどあるでしょう。

けれども、忘れないでいただきたいことは、あなた自身が「根源」の現れであることを知り、「根源」として〝在る〟ということに勝る平和への貢献はないということです。

真の喜びのなかに身を置くというのは、自分さえよければいいという考えとは、かけ離れています。頭では、そのようにしか思えないんです。これは、「根源」に深く触れたときにはじめてわかることです。

353

風を感じたとき、立ち止まってみてください。風があなたのなかに現れ、風以外に何もないはずです。

そして、そこには言葉にできない静けさがあるはずです。

354

何か困ったことや、自分に都合のよくないことが起きると、私たちはすぐに、「どうしてこうなったんだろう?」「なんでこんなことになってしまったんだろう?」「何がいけなかったんだろう?」という考えのなかに入っていきます。

けれども、「事実」が見えてくると、このような思考は、自然と出てこなくなります。最初は、「すべてが自動で現れているのだから」とか、「自分がやっているのではないのだから」という理屈のようなものがくっついてきますが、そのうち、そんなものはくっついてこなくなります。

「どうして?」「なんで?」という思考が、理屈抜きで現れなくなるんです。理屈が消えてなくなるんです。これが腹に落ちたということです。

355

真実を知るということをまちがえてとらえていると、たとえば、暗い洞窟のなかに入っていって、光り輝く宝石を探し当てるようなイメージだとか、深い海に潜って海底の砂に埋まった宝箱を見つけるみたいなイメージを抱きがちです。

これは、言ってみれば、一点に向かうことであり、何かを〝つかむ〟ことを意味しています。

そうではありません。かぎりのない〝広がり〟に放り出されるんです。何かをつかもうにも、そこには、つかむようなものは何もありません。

これが、自由だとか、空《くう》だとか、解放だとか、静けさだとか、深い喜びだとか、至福だとか、いろいろな言葉で表されるものです。

そして、ここでもまちがわれやすいことがあります。

それは、この〝広がり〟のようなものは、ただの〝通過点〟だということです。登山で言えば、〝山の頂上〟なんです。「え？　頂上に着けば終わりなんじゃないの？」と思う方もたくさんいるでしょう。いやいや、とんでもありません。登山というものは〝下山〟したときに終わるということが忘れられています。まだ終わりではありません。まだすべては見えていません。

この話を聞いて、「遠い道のりだなあ……」などと思わないでだいじょうぶです。〝下山〟は楽しい行程だからです。自由や静けさを知ったなかでの道のりなんですから。

それともうひとつ、本当の登山とは違って、〝登頂〟と〝下山〟が一度に起きることもあります。ですから、安心してお勉強を楽しんでください。

356

「自分」などというものなしに、「全自動」で活動しているこの「体」。本当に素晴らしいとしか言えません。大事にしてあげてください。

一応、言っておきますが、これはけっして、自分と体を同一化するなどということではありませんよ。それは、「事実」がちゃんと見えていないだけです。

357

「事実」はひとつだけです。たとえば、あなたが歩いているとき、歩いているようすがあるだけで、歩いていないようすはどこにも存在しません。歩いているようすと、歩いていないようすが同時に存在していたら、おかしいですよね。オカルトの世界です。

「事実」の上では、ふたつのものが同時に存在することはできません。自分でたしかめてみてください。どうやったって、ひとつしかないことが実感できるはずです。

存在するのは、今この瞬間に、目の前にあるこの「事実」だけです。「ああ、たしかに、そのとおりだわ」と実感できるまでやってください。あなた以外の誰もやってくれません。あなたがやるしかないんです。

358

「無」とか「平常心」という概念に触れると、人というものは、「無」を想像し、「平常心とは、きっとこうであろう」という想像をふくらませて、そのようになろうとします。そこに向かっていこうとしてしまいます。それは、「頭」の働きです。それは、このお勉強ではありません。

想像したもの、イメージしたものに向かっていくというのは、「考え」から一歩も出ていないということになります。それでは、あなたが知りたいと思っているものは見えてきません。

359

つぎからつぎに現れてくる「思考」に、多くのみなさんは、つねに振りまわされています。そうではなく、動かない「根源」に注意を向けることです。それを教えてくれるのが、「五感」なんです。「五感」の奥の静けさを感じ取ってください。

これがかすかにでも実感できると、「思考」はただそこに現れているだけだということがわかります。問題を起こしていた「思考」が、じつは、ポコッと現れては消えていくだけの存在で、何の力ももっていないということがわかります。

360

「内面」を観るというようなことがよく言われますが、何を観るのかが問題です。心のようなものですか？　それは問題をさらにこじらせるだけですよ。ややこしくなるだけです。

「内面」というよりも、自分の活動です。それがあなたのなかに現れるものなので、「内面」という表現もまちがいではありませんが、心のようなものを見ることではありません。「あなたの活動そのもの」を見るんです。

やがて、それがあなたという器のなかに映し出されるものではないことがわかってきます。それが見えたとき、あなたは、「内側」も「外側」もないことを知るでしょう。

361

何が正しいのか、何が正しくないのかにとらわれ、自分を納得させてくれる理屈を探しまわるのは、そこで答えらしきものを見つけたとしても、また別の「正しい、正しくない」をつくり出すか、「これだけが正しいのだ」というとらわれをつくりだすだけです。終わりがありません。

このお勉強は、そのような「正しいもの」を探すことではありません。それは思考の世界のお話です。哲学のようなものです。

このお勉強では、そんなことはしません。そうではなくて、そういった「判断」そのものがない活動に触れることです。

そして、そのときに、あなたがどんなふうに変化するのかを、自分自身でたしかめるお勉強です。

362

おもしろそうだと思って雑誌を買ったとしましょう。あなたは、自分の意思で買ったと思いますよね。けれども、「事実」はそうではありません。それはありえないことです。あなたの意思ではありません。

その前に起きた何らかの原因があって、「雑誌を買う」という行為が、現れるべくして現れたんです。

どのような原因もきっかけも、その前に起きた何かによって引き起こされています。原因と思われるそれも、「結果」です。結果がつぎの結果を生み、またつぎの結果が、そのまたつぎの結果を生み出しています。すべてが、変えようのない完璧な「結果」として目の前に現れてきます。

これは、あなたが生まれる前のことまでが関係してきます。はるかむかしにまでさかのぼりますので、事実上、原因をたどることなどできません。

あなたがそのお店で、その雑誌を買ったのは、何億年もむかしからつづく、人が立ち入ることのできない完璧な自動連鎖によって起きたことです。あなたの意思でなされたのではありません。

363

目隠しをされてある部屋にとおされたとします。目隠しを取ると、テーブルの上に目玉焼きがありました。「目玉焼きがある」というのは、目が映像として目玉焼きをとらえた結果として現れたわけです。

目玉焼きは、あなたの感覚によって現れます。すべてのモノは人の感覚があってはじめて存在することができるんです。モノだけで存在することはできません。人とモノはつねに「対《つい》」なんです。

364

このお勉強を「頭」で考えると、きっとこんな言葉が出てきます。「そう言われても、すぐにそんなふうには思えません」と。

はい、そのとおり。「思えません」ですね。「思えなくて」いいんです。

このお勉強は、そのように「思えるようになること」ではありません。「思う」ことが消えた自分の活動というものを知るお勉強です。

ですから、「思う」というところから離れなくては見えてこないんです。

365

もし仮に、あなたに都合のいいことがたまたまつづいて、「あれは嫌だ、これは嫌だ」が少しのあいだ消えたとします。けれども、すぐに別の「あれは嫌だ、これは嫌だ」が必ず出てきます。

こうして、あなたは、「あれは嫌だ、これは嫌だ」をつづけていくわけです。一〇〇パーセント自分の都合どおりになることを望んで。

そろそろ〝駄々っ子〟は卒業しましょう。「事実」に照準を合わせてください。

366

「五感」は、あなたという「個人」のものではないんですよ、というお話をしたときに、必ず出てくるのが、「痛みも自分のものではないのですか?」という質問です。体の痛みは、ほかの感覚より、「自分に」という感覚が強いからです。

答えは、「はい、自分のものではありません」です。

今すぐには納得できないでしょう。自分に起きているとしか思えないでしょう。けれども、「自分が見ている」「自分が聞いている」というのが小さい頃からつくられてきた思い込みで、「ただ見えている」「ただ聞こえている」という感覚だけがあるのと同じように、「痛みを自分が感じている」というのも深く刻まれた思い込みです。「自分に」ではなくて、ただ「痛み」だけがあるんです。

「痛み」も「根源」の活動です。「個人」のものではありません。「自分」という「個」の存在はありません。「痛み」を受け取る器がないわけです。器がないんですから、「痛み」は、決まった行き場所がないということです。ただ現れているんです。これが「事実」です。

そうは言っても、理屈を聞いただけで、「はい、そうですか」と片づく問題ではありません。不安や恐怖といったものもくっついてきます。ですので、痛みに関しての「気づき」は、ハードルの高い部類に入るものです。

体の痛みは予告なくやってきます。いつやって来るかわかりません。年齢を重ねればなおさらです。

あるとき現れた痛みが、もし強いものだった場合、そこからあわててお勉強しようとしても、どうしても痛みに引っぱられてしまって、お勉強がなかなか入っていきません。

だからこそ、痛みがないうち、または、痛みが軽いうちに、実践も含め、トータルにお勉強をすすめて、「事実」となかよくなる力を養っておく必要があります。それが痛みと向き合う力になるんです。

367

ものごとが現れたとき、そこに「思考」や「判断」が起きなければ、ただそれがあるだけです。自分が出てくる？　思考です。思い込みです。

もっとこうだったらよかった？　判断です。思考です。それを起こさないようにするのではありません。思考を使って判断をやり過ごすことでもありません。

では、どうしたらいいのか？

「根源」そのままの活動をしている「体」が、そのとき、どんな反応をしているのかをたしかめることです。思考のない活動というものが、どんなふうになっているのかをたしかめることです。そこに答えが見えてきます。

368

今、座っているなら、ちょっと立ち上がってみてください。立っているならちょっと屈んでみてください。景色が変わるでしょ？

足の裏にはどんな感覚がありますか？　地面に触れている感覚がありますよね？

体の重みを感じるでしょ？

大事なのは、そんなことなんです。その瞬間、そこには、そのようすだけしかありません。

そうしていくうちに、あるとき、言葉では表現できないような解放感に包まれたり、騒音のなかにありながら、しーんとした静けさに出会うでしょう。この感覚は人によりさまざまです。自分の感覚を大事にしてください。

ただの錯覚、思考のいたずらということもありますが、そうでなければ、「根源」とつながっていることを私たちに教えてくれているんです。その見極めは、やっているうちにわかってきますよ。

369

私たちが生きている本来のようすのなかに、「問題」というものはありません。現れたことを「問題」だと判断している「思考」が現れているだけです。

このことがわかりさえすれば、あなたは「問題らしきもの」から自由になれます。そこにあるのは、「思考の産物」である「問題」ではなくて、目の前に現れている曲げようのない「事実」です。地面の感覚を足の裏が感じているというたしかな「事実」です。

このような感覚が、ひとときもとどまることなく、どんどん変化していきます。このたしかなようすの奥に、何も起きていない「静寂」があるんです。

370

「事実」は、そのとき、そのひとつだけです。今、あなたのなかに現れているもの以外に何も存在しません。

ただそれがあるだけなのですが、「頭」は、そこにたくさんのものをつくり出し、つけ加え、解釈をします。好き・嫌い、正しい・正しくない、望んでいる・望んでいない、こうあるべき・あってはならない。

この思考の働きが問題を引き起こすわけです。おおもとには、最初から、そんなものは何ひとつくっついていないのに。

371

「五感」をクリアに感じたときに、じーんとしたり、涙があふれたり、感動のようなものが現れるのは、「五感」というものが完璧に満たされたものだということを実感したからです。

迷いや疑問、不足といったものがいっさい存在しない、それ以上何も必要としない、二元の世界には存在しない「満ち足り感」を味わったからです。

372

つらいと感じるとき、つらさを感じているのは何でしょうか？　そのつらさを「自分のもの」だと決めつけているのは何でしょうか？

ぜんぶ「思考」です。そこに気づいてください。

373

人生が思うようにいかない、人間関係が思うようにいかない、願いがかなわない、好きな人といっしょにいられない、嫌いな人といっしょにいなくてはならない、仕事が思うようにいかない、こういった「思考」を、わざわざ取りあげなければ、問題にはなりません。その瞬間その瞬間にわきあがっては消えていくものです。

ところが人は、取りあげないということがなかなかできないんですね。「たいへんなことが起きたぞ！」と言っては、それをいちいち取りあげて、縄でしばりつけてがっちりつかまえます。

「願いがかなわない」ということを、取りあげなければ問題にはなりません。でも、取りあげてしまう。それで苦しんでいるわけです。よおーく見てください。ぜーんぶ

「自分の都合」です。「考え」です。

川に浮かんだ葉っぱは、流れのままに、ただそのようにあるだけです。流れが静かなら、静かに流れていきます。流れが速ければ、速いように流れていきます。

当たり前の話ですが、流れのまんまです。流されないように、そこにとどまろうとがんばったりはしません。もっと早く流れようとしたりもしません。これはいい流れだとか、これはよくない流れだとか、嫌いな流れだなどと文句を言ったりもしません。この川ではないほかの川に行こうともしません。今いるその川の流れと完璧に一体になって流れていきます。ここには何の問題も現れません。

「人間を葉っぱといっしょにするな！」という怒りの声が聞こえてきそうですが、残念ながらいっしょです。「根源」からの現れということで言えば、私たちと葉っぱは、何の違いもありません。完璧としかいいようのない現れです。

それが、たまたま「人間」として現れているか、「葉っぱ」として現れているかの違いです。

人間だけが何か特別な存在ではありません。「事実」のなかでは、すべてが同じ現れです。

これが実感されたとき、あなたのなかにどんなことが現れると思いますか？　どんなものが見えると思いますか？

今、あなたが想像しているようなものとは違うと思いますよ。ちょっと楽しみではありませんか？

おわりに

幸せになるために、ややこしいことを考える必要などありません。楽になるために、むずかしいことを知る必要などありません。

「何ものにもゆらぐことのない幸福」は、あなたのなかにあります。それを「理屈を知る」ことで手に入れようとしても、それは無理な話です。

あなたのなかにあるものに出会うのに、自分を見ずに、「理屈」を探しまわっても出会うことはできません。

あなたに必要なことは、あなたが生きている〝生《なま》のようす〟を知ること、ただそれだけです。

「何ものにもゆらぐことのない幸福」は、いつもあなたのなかにあって、見つけてくれるのを待っています。

ところが、それを教えてくれているせっかくの現れが、あまりにも当たり前すぎることだったり、あなたがこれまでに身につけてきたたくさんの知識や価値観、場合によっては、倫理観をも飛び超えたものであったりするために、あなたは、それを「頭」で考えて、受け取りを拒否してしまうんです。そこが多くのみなさんの壁になっています。

この壁を壊していくために、さまざまな「思考」のくっついていない純粋な「事実」に触れていくことが必要です。

それが、あなたが生きている〝生のようす〟です。

ただただその「事実」と向き合ってください。「事実」がすべてを教えてくれます。それはけっしてむずかしいことではありません。「真実」は驚くほどシンプルです。むずかしい「理屈」は必要ありません。

このお勉強は、「知識」や「理屈」から離れていくお勉強とも言えます。メッセージにくり返し触れるというのも、それをすすめるためのものです。

そのすすみ具合に歩調を合わせるかのように目の前が開け、今まで隠れていて見えていなかった景色が見えてきます。

それは、あなたの知らない景色ではありません。あなたがずーっと知っていた景色です。知っていながら、まさかそれが探していたものだと気づかずにいただけです。

ですから、それを知ったときに多くのみなさんが口にするのが、「こんなことだったのか」「何で今まで気がつかなかったのか」「むかしから、ずっとここにいたじゃないか」といった言葉なんです。

『バタ足』のお勉強によって、ひとりでも多くのみなさんが、この体験をし、本当の静けさを知り、深刻さや苦しみから解放され、日々を楽しく過ごしていけるようになることを心から願っています。

金森　将

著者紹介 ……………………………………………………………………

金森 将（かなもり・しょう）

東京都練馬区出身。30歳を過ぎて願望実現にはまり、40歳を過ぎてケーキ店を持つ。50歳を過ぎて生き方に行き詰まり、あらゆる願望を投げ捨てたある日起きた突然の空白。波のように押し寄せる“気づき”の中身を綴ったブログが人気となる。その後、ノンデュアリティをわかりやすくひも解くウェブ上の幼稚園『ノンデュアリティかなもり幼稚園』を設立。園長としてその活動の場を広げている。愛妻家。元サーファー。著書『バタ足ノンデュアリティ』『ノンデュアリティって、「心」のお話じゃないんですよ！』（以上、ナチュラルスピリット）。

ウェブサイト
『ノンデュアリティかなもり幼稚園』
https://kanasho.amebaownd.com/

バタ足ノンデュアリティ 3
くり返し触れたい
《バタ足》メッセージ 373 選

●

2021年12月18日 初版発行

著者／金森 将

装幀・本文デザイン・DTP ／ Dogs Inc.
編集／西島 恵

発行者／今井博揮
発行所／株式会社 ナチュラルスピリット
〒101-0051 東京都千代田区神田神保町3-2 高橋ビル2階
TEL 03-6450-5938 FAX 03-6450-5978
info@naturalspirit.co.jp
https://www.naturalspirit.co.jp/

印刷所／モリモト印刷株式会社

ISBN978-4-86451-388-3 C0010